日语专业系列教材

普通高等教育"十一五"国家级规划教材
普通高等教育精品教材

日本语听力

第四版

教学参考书　入门篇

主编　沙秀程
副主编　占部匡美
编者　王丽薇　王建英　占部匡美
审校　奥田俊博

华东师范大学出版社
·上海·

图书在版编目(CIP)数据

日本语听力教学参考书. 入门篇/沙秀程主编. —4版.
—上海:华东师范大学出版社,2020
ISBN 978-7-5760-0774-9

Ⅰ.①日… Ⅱ.①沙… Ⅲ.①日语-听说教学-高等学校-教学参考资料 Ⅳ.①H369.9

中国版本图书馆CIP数据核字(2020)第198940号

日本语听力教学参考书·入门篇(第四版)

主　　编	沙秀程
责任编辑	孔　凡
装帧设计	卢晓红
出版发行	华东师范大学出版社
社　　址	上海市中山北路3663号　邮编 200062
网　　址	www.ecnupress.com.cn
电　　话	021-60821666　行政传真 021-62572105
客服电话	021-62865537　门市(邮购)电话 021-62869887
地　　址	上海市中山北路3663号华东师范大学校内先锋路口
网　　店	http://hdsdcbs.tmall.com
印 刷 者	常熟市文化印刷有限公司
开　　本	787×1092　16开
印　　张	10.75
字　　数	219千字
版　　次	2020年11月第1版
印　　次	2021年9月第2次
书　　号	ISBN 978-7-5760-0774-9
定　　价	33.00元
出 版 人	王焰

(如发现本版图书有印订质量问题,请寄回本社客服中心调换或电话021-62865537联系)

出版说明

《日本语听力》教材初版于1998~2001年间，再版于2007~2008年间。其间，被评为普通高等教育"十一五"国家级规划教材。历经8年，2015~2016年间，进行了第三版次的修订。时光荏苒，本次为第四版次修订。

该教材初版之际，其编写工作即得到了日本国际交流基金会的大力支持，每册主编均应邀赴日，在日本语言和文化学界一流专家的指导下，几易初稿直至通过审核定稿。教材一经出版，即得到了国内日语界的广泛认可，每册教材多次印刷，成为我国高校日语专业听力课程的首选教材。

随着时间的推移，日本的社会文化发生了巨大的变化，中国日语教学理念不断更新，广大日语教师在使用过程中有诸多心得，也积累了不少经验，为了满足日语教育的需求，2007年我们进行了修订，是为第二版。将教材的结构由原来的五册改为四册；修订后的"教师用书"改为"教学参考书"，每册均配套CD光盘（并有磁带供选用）。针对日语教学现状和需求，2015年，在广泛征求高校教师的意见和建议的基础上，我们再次启动了第三版的修订工作。每一册修订幅度均在50%以上。根据广大日语专业师生的反馈，我们调整了入门篇与第一册、第二册之间的难度衔接；每册均配套CD光盘。特别值得一提的是，在第三版修订时，我们注重贴近日语国际能力考试的教学需求，不仅调整了听力材料的难度，更增加了部分日语国际能力考试听力题型。

本次第四版修订仍旧保持前两版的结构，即入门篇（主编沙秀程 日本九州女子大学教授）、第一册（主编徐敏民 华东师范大学教授）、第二册（主编杜勤 上海理工大学教授）和第三册（主编侯仁锋 日本广岛大学教授；主编梁高峰 西安电子科技大学副教授）。本次修订各册均更新了部分题型，题目设计更加合理、科学，力求提供真实的听力材料，贴近当下日本社会的现状。同时根据时代发展和学习需求，更新CD光盘为配套APP，下载音频资源至本地，离线也能随时随地训练听力。

我们相信,本次修订后的教材会以更高的质量呈现在广大读者面前,为我国的日语教育作出更大的贡献。我们真诚地希望日语教育的专家、学者以及广大读者继续对本教材提出宝贵的意见,以便不断改进,精益求精。

华东师范大学出版社

2020 年 10 月

第三版前言

光阴荏苒，日本语听力系列之入门篇自2001年问世，即将迎来20周年的"成人礼"。这二十年来，听力教材层出不穷，初级听力教材更是目不暇接。承蒙使用者的厚爱，多年来本书在全国各地高等院校中仍然被广泛使用，不但陪伴了一届又一届的高校学生，也成为日语爱好者初涉听力训练时的首选学习用书。

为适应时代的变化需求，出版社于2005年组织力量对全套《日本语听力》系列教材进行了修订，并于2006年被教育部列为普通高校"十一五"国家级教材。在众多使用院校的教学需求下，日本语听力系列之入门篇又于2014年对教材内容作了近50%的更新与修订。

语言是时代的反应，教材也必须把握时代脉搏，紧紧跟上时代步伐。在广泛听取使用者意见的基础上，参考日本语能力考试的要求，吸取日语界的教学研究成果，今年，即2020年，我们全体编者对本教材又进行了相当程度的修改，希望以更新的面貌呈现给广大使用者。本次修订主要有如下内容：

1. 第二次修订时，在第8、12、16、20、24、28课后面增加的专栏（コラム），是为了供课上教学或课下学生自学使用，满足学生在初级阶段对日本社会文化知识的学习需求。因此，专栏的主题包涵了当时日本社会的世风世情等。为了给使用者提供最新的日本社会文化资讯，本次修订对其中的五个专栏作了替换。

2. 正文内容中，根据最新的教学研究成果，对将近一半课文中的部分题型作了修改，或者由日籍听力教材专家重新编写，或者对题型进行重新设计。新版教材的语言更贴近日常生活，内容更体现时代特色。特别值得一提的是，本次修订特别注重对学生日常交流能力和跨文化交际能力的培养，尽可能增加可以直接在交流中使用的语句和表达。

在本教材的修订过程中，华东师范大学出版社的编辑孔凡老师做了大量的工作，给予了我们热情的支持和指导，在此表示衷心感谢。

虽然我们在工作中本着科学、严谨、负责的态度，不敢稍有懈怠，但由于着手修订时正值新型冠状病毒肺炎肆虐时期，给我们的工作带来了一定的困扰与不便，如有疏漏和不足，还恳请广大使用者和日语界同行不吝赐教，为我们提供宝贵意见，让本教材今后能日臻完善。

编者

2020 年 9 月

目次

1	第1課　発音(1)
3	第2課　発音(2)
6	第3課　発音(3)
9	第4課　発音(4)
12	第5課　何番ですか
15	第6課　今何時ですか
19	第7課　いくらですか
23	第8課　誕生日はいつですか
28	コラム1　抹茶ブーム
29	第9課　あれは何ですか
32	第10課　お休みは何曜日ですか
36	第11課　木の下に犬がいます
40	第12課　東京は人口が多いです
45	コラム2　キャッシュレス
46	第13課　王さんの一日
50	第14課　何をしましたか

55	第15課　歩きながら食べます
60	第16課　夏と冬とどちらが好きですか
66	コラム3　元号が「令和」に
67	第17課　値段を安くします
71	第18課　今電話をかけています
76	第19課　やっと帰ることができます
81	第20課　歩いていきます
87	コラム4　新紙幣発行
88	第21課　タバコを吸わないでください
92	第22課　大きな声で話してはいけません
98	第23課　今晩早く寝たいです
103	第24課　歌ったり踊ったりします
108	コラム5　魯迅の手紙1億円
109	第25課　はやく帰ったほうがいいです
114	第26課　安ければ買います
119	第27課　楽しそうに話しています
124	第28課　彼から花をもらいました
128	コラム6　史上最年少プロ棋士
129	付録　単語索引

第 1 課　　　発音(1)

問題 I　録音を聞いて、例のように正しいものを選んでください。

例：<u>と</u>
1. む　　2. も　　3. お　　4. て　　5. え　　6. せ　　7. れ　　8. ほ
9. ひ　　10. る　　11. ふ　　12. も　　13. さ　　14. ら　　15. み　　16. そ
17. へ　　18. ぬ　　19. こ　　20. す　　21. ゆ

問題 II　録音を聞いて、例のように正しいものを選んでください。

例：a <u>しく</u>
1. b わら　　　　2. a にし　　　　3. b しま　　　　4. c いぬ
5. a からい　　　6. b しかく　　　7. b ひんし　　　8. a さかな
9. c りかい　　　10. b かんせん

問題 III　録音を聞いて、例のように書き入れてください。

例：は<u>や</u>し（林）
1. た<u>な</u>か（田中）　　2. み<u>よ</u>し（三好）　　3. こ<u>ま</u>つ（小松）
4. <u>ひ</u>らい（平井）　　5. <u>な</u>かお（中尾）　　6. <u>た</u>まき（田牧）
7. いの<u>う</u>え（井上）　　8. き<u>の</u>した（木下）　　9. なか<u>む</u>ら（中村）

10. や<u>まも</u>と(山本)　　11. は<u>とや</u>ま(鳩山)　　12. た<u>か</u>はし(高橋)
13. い<u>しは</u>ら(石原)　　14. な<u>かし</u>ま(中島)　　15. く<u>りは</u>ら(栗原)
16. た<u>ち</u>かわ(立川)　　17. か<u>つ</u>また(勝又)　　18. た<u>け</u>もと(竹本)

問題 IV　録音を聞いて、かなを書き入れて文を完成してください。

1. は<u>る</u>はあたたかい　　　　2. な<u>つ</u>はあつい
3. あ<u>き</u>はすずしい　　　　　4. ふゆはさむい
5. あかいは<u>な</u>　　　　　　　6. あおいそ<u>ら</u>
7. しろいわ<u>た</u>　　　　　　　8. くろい<u>すみ</u>
9. ほんをあける　　　　　　　10. いすにすわる
11. か<u>さ</u>をさす　　　　　　　12. に<u>く</u>をやく
13. や<u>さい</u>をつくる　　　　　14. さ<u>かな</u>をとる
15. ふ<u>とん</u>をたたむ　　　　　16. な<u>まえ</u>をおしえる

■ 答え

問題 I　略

問題 II　例：a
　　　　1. b　　2. a　　3. b　　4. c　　5. a　　6. b
　　　　7. b　　8. a　　9. c　　10. b

問題 III　（略）

問題 IV　（略）

第2課　発音(2)

問題 I　録音を聞いて、例のように正しいものを選んでください。

例：<u>チ</u>

1. シ　2. メ　3. フ　4. ナ　5. タ　6. チ　7. ヨ　8. ネ　9. ウ
10. ソ　11. ワ　12. テ　13. エ　14. ハ　15. マ　16. ケ　17. ホ　18. ム

問題 II　録音を聞いて、例のように正しいものを選んでください。

例：b テンキ

1. a エビ　　　　2. c ウミ　　　　3. c ツギ　　　　4. b チジン
5. a カガク　　　6. c オイル　　　7. c コクド　　　8. b サンゲン
9. b タイキン　　10. c センパイ

問題 III　録音を聞いて、例のようにカタカナで書き入れてください。

例：ア<u>メ</u>リカ(美国)

1. カ<u>ナ</u>ダ(加拿大)　　　　2. <u>ロ</u>シア(俄罗斯)
3. イ<u>ラ</u>ン(伊朗)　　　　　4. <u>ス</u>イス(瑞士)
5. ド<u>イ</u>ツ(德国)　　　　　6. <u>シ</u>リア(叙利亚)
7. ベ<u>ト</u>ナム(越南)　　　　8. イ<u>ギ</u>リス(英国)

9. フ<u>ラ</u>ンス(法国)　　　　10. ス<u>ペ</u>イン(西班牙)
11. エ<u>ジ</u>プト(埃及)　　　　12. オ<u>ラ</u>ンダ(荷兰)
13. ブ<u>ラ</u>ジル(巴西)　　　　14. イ<u>タ</u>リア(意大利)
15. カン<u>ボ</u>ジア(柬埔寨)　　 16. アル<u>バ</u>ニア(阿尔巴尼亚)
17. パキ<u>ス</u>タン(巴基斯坦)　 18. タン<u>ザ</u>ニア(坦桑尼亚)
19. ポル<u>ト</u>ガル(葡萄牙)　　 20. アイス<u>ラ</u>ンド(冰岛)

問題 IV　　録音を聞いて、例のようにかなを書き入れて文を完成してください。

例：<u>リンゴ</u>はおいしいくだものです。
1. <u>メロン</u>をたべてください。
2. <u>レモン</u>はからだにいいですよ。
3. さるは<u>バナナ</u>がだいすきです。
4. たなかさんに<u>オレンジ</u>をかってもらいました。
5. <u>トイレ</u>はどこにありますか。
6. えきのちかくに<u>レストラン</u>があります。
7. <u>エスカレーター</u>はみぎがわにあります。
8. <u>エレベーター</u>をりようしてください。
9. おうさんは<u>テニス</u>がじょうずです。
10. まいあさ<u>バドミントン</u>のれんしゅうをします。
11. かれは<u>バレーボール</u>のせんしゅです。
12. <u>オリンピック</u>せいしんをまもります。
13. こんいろの<u>ズボン</u>をにほんかいました。
14. かれしに<u>ネクタイ</u>をおくりました。
15. <u>ハンカチ</u>をつかうひとがすくないです。
16. <u>クリスマス</u>はじゅうにがつじゅうごにちです。

■ 答え

問題 I　（略）

問題 II　1. a　　2. c　　3. c　　4. b　　5. a

6. c　　7. c　　8. b　　9. b　　10. c

問題 III （略）

問題 IV （略）

第3課　発音(3)

問題 I　録音を聞いて、例のように正しいものを選んでください。

例：はっけん

1. じっせん　　2. そうとう　　3. してん　　4. すうばい
5. ほうれい　　6. せけん　　7. いよう　　8. カット
9. シリーズ　　10. ストーブ

問題 II　例のように録音の発音と一致したものを選んでください。

例：がいほう(介抱)

1. かえる(帰る)　　2. はし(箸)　　3. こうかい(後悔)
4. じしん(地震)　　5. どうし(同士)　　6. カレー(咖喱)
7. かんどう(感動)　　8. スタジオ(工作室)　　9. ゼミナール(研討会)
10. センチメートル(厘米)

問題 III　録音を聞いて、例のように長音、促音を書き入れてください。

例1：ざっし
例2：とけい

1. ねっしん　　2. さっそく

3. は<u>っ</u>きり
4. い<u>っ</u>ぱく
5. ま<u>っ</u>たく
6. が<u>っ</u>かり
7. ポ<u>ッ</u>ト
8. コ<u>ッ</u>プ
9. エキゾチ<u>ッ</u>ク
10. サンドイ<u>ッ</u>チ
11. <u>つう</u>やく
12. <u>すう</u>がく
13. <u>せい</u>せき
14. <u>のう</u>みん
15. お<u>ばあ</u>さん
16. お<u>はよう</u>
17. し<u>ぼう</u>
18. デ<u>パー</u>ト
19. ア<u>ンケー</u>ト
20. テー<u>ブル</u>

問題 IV　録音を聞いて、例のように正しい答えを一つ選んでください。

例: こんにちは。
　　a. はい。そうです。
　　ⓑ. こんにちは。

1. はじめまして。
　　a. こちらこそ。
　　b. はじめまして。

2. お元気ですか。
　　a. ただいま。
　　b. おかげさまで。

3. いってきます。
　　a. いってらっしゃい。
　　b. さようなら。

4. おじゃまします。
　　a. はい。じゃまです。
　　b. はい。どうぞ。

5. かけてください。
    a. はい。失礼します。
    b. はい。どうぞ。

6. お国はどこですか。
    a. いいえ。日本です。
    b. アメリカです。

7. いろいろどうもありがとうございました。
    a. いいえ。どういたしまして。
    b. いいえ。どうでもありません。

8. では、失礼します。
    a. いいえ。かまいません。
    b. では、また。

■ 答え

問題 I　1. b　　　2. b　　　3. a　　　4. b　　　5. c
　　　　6. a　　　7. c　　　8. a　　　9. a　　　10. b

問題 II　1. b　　　2. a　　　3. b　　　4. a　　　5. b
　　　　6. a　　　7. b　　　8. a　　　9. b　　　10. a

問題 III　（略）

問題 IV　1. b　　　2. b　　　3. a　　　4. b　　　5. a
　　　　6. b　　　7. a　　　8. b

第4課　発音(4)

問題 I　録音を聞いて、例のように正しいものを選んでください。

例：ひゃく

1. ぎゃく
2. きょうりつ
3. しょうがく
4. あいじょう
5. いっしょう
6. ぜっちょう
7. ぎゃっこう
8. ちゅうりつ
9. しゅうち
10. しようにん

問題 II　例のように録音の発音と一致したものを選んでください。

例：ひょう（雹）

1. たいしょう（対象）
2. きじゅつ（記述）
3. きゅうしゅう（九州）
4. きょうだい（兄弟）
5. くちょう（区長）
6. しょうがい（障害）
7. じょうしょ（情緒）
8. そうちょう（早朝）
9. しんきょう（心境）

問題 III　録音を聞いて、例のように書き入れてください。

例：a せをのばす　　　b てをのばす

1. a えをうる　　　　　　　　b てをくむ
2. a さおをあらう　　　　　　b かおをあらう
3. a うえのひかり　　　　　　b うえのしかり
4. a きゃくのへや　　　　　　b ぎゃくのへや
5. a あたらしいざせき　　　　b あたらしいざしき
6. a しょうねんのおとこ　　　b そうねんのおとこ
7. a いちにちのじゅぎょう　　b いちにちのしゅぎょう
8. a しんじょうがわるい　　　b しんぞうがわるい
9. a コンピュータがほしい　　b コンテナがほしい
10. a アイスランドのしゅと　　b ニュージーランドのひと

問題 IV　録音を聞いて、例のように正しい答えを一つ選んでください。

例: こんばんは。

　　ⓐ　こんばんは。

　　b. おやすみなさい。

1. ごめんください。
    a. すみませんでした。
    b. おはいりください。

2. ただいま。
    a. お帰りなさい。
    b. いっていらっしゃい。

3. おめでとうございます。
    a. ありがとうございます。
    b. おめでとうございます。

4. お出かけですか。
    a. ええ。ちょっとそこまで。

b. はい。お願いします。

5. どうぞよろしくお願いします。
　　a. こちらこそ、よろしくお願いします。
　　b. いいえ。大丈夫です。

6. 何もありませんが、どうぞ。
　　a. はい。そうですね。
　　b. どうぞおかまいなく。

7. ごちそうさまでした。
　　a. おそまつさまでした。
　　b. いただきました。

8. 王と申します。どうぞよろしく。
　　a. はい。よろしくします。
　　b. こちらこそよろしく。

■ 答え

問題Ⅰ　1. a　　2. c　　3. a　　4. a　　5. a
　　　　6. c　　7. b　　8. a　　9. a　　10. b

問題Ⅱ　1. a　　2. a　　3. b　　4. b　　5. b
　　　　6. a　　7. b　　8. b　　9. b

問題Ⅲ　（略）

問題Ⅳ　1. b　　2. a　　3. a　　4. a　　5. a
　　　　6. b　　7. a　　8. b

第5課　何番ですか

> 問題を聞く前に次の言葉を覚えましょう。

<ruby>学籍番号<rt>がくせきばんごう</rt></ruby>：学号

<ruby>火事<rt>かじ</rt></ruby>：火灾

<ruby>急ぐ<rt>いそ</rt></ruby>：赶紧，匆忙

<ruby>内線<rt>ないせん</rt></ruby>：内线

<ruby>中央区<rt>ちゅうおうく</rt></ruby>：中央区（地名）

<ruby>事故<rt>じこ</rt></ruby>：事故

問題 I　例のように色をぬってください。

例：**2**

A：5　　　　B：7　　　　C：9　　　　D：14

問題 II　例のように聞いた数字を選んでください。

例：ひゃくご　**105**

1. じゅういち
2. じゅうしち
3. ごじゅう
4. ひゃくよんじゅうさん
5. ろっぴゃくろく

6. さんぜんろくじゅうご
7. せんさんびゃくはちじゅういち
8. せんひゃく
9. ななまんはっせんきゅうひゃくさん
10. じゅうごまんにせんさんびゃくさんじゅう

問題 III 例のように聞いた数字を書いてください。

例：25
1. 18
2. 24
3. 52
4. 73
5. 94
6. 102
7. 370
8. 465
9. 606
10. 881
11. 978
12. 1051
13. 1949
14. 1997
15. 2000
16. 2020
17. 56800
18. 16700
19. 90290
20. 40320

問題 IV 例のように番号を書いてください。

例：女：すみません。田中さんの電話番号は何番ですか。
　　男：03－262－1234 です。
　　女：ありがとうございます。

1. 男1：林さんの電話番号は何番ですか。
　 男2：06－2275－2312 です。
　 男1：ありがとう。明日、電話します。
2. 事務員：学籍番号は何番ですか。
　 学生：149203 です。
3. (電話のベル)
　 事務員：はい、さくら大学です。
　 男：内線の1297をお願いします。
4. 女1：104号室の佐藤です。どうぞよろしく。
　 女2：こちらこそ、どうぞよろしく。
5. 女：火事です！すぐきてください。

消防隊員：住所を教えてください。

女：中央区5-7-102です。急いでください。

6. (町で)

女：事故です！

男：すぐ110番に電話します。

■ 答え

問題 I （略）

問題 II　1. 11　　　　2. 17　　　　3. 50
　　　　　4. 143　　　5. 606　　　6. 3065
　　　　　7. 1381　　8. 1100　　9. 78903
　　　　　10. 152330

問題 III （略）

問題 IV　1. 06-2275-2312　2. 149203　3. 1297
　　　　　4. 104　　　　　　　5. 5-7-102　6. 110

第6課　今何時ですか

問題を聞く前に次の言葉を覚えましょう。

さらさら：潺潺　　　　　　　　岸(きし)：岸边

すみれ：紫罗兰　　　　　　　　れんげ：莲花

姿(すがた)：姿态　　　　　　　ささやき：低声细语

問題 I　例のように（　　）に番号を書いてください。

例：3時です。

1. 12時です。
2. 4時です。
3. 2時半です。
4. 7時30分です。
5. 9時です。

問題 II　例のように聞いた時間を描いてください。

例：10時10分

1. 5時30分

2. 7時10分前
3. 3時20分
4. 1時5分すぎ
5. 12時15分
6. 9時45分

問題 III　例のように番号と時間を書いてください。

例：女：すみません。今何時ですか。
　　男：ええと、今9時15分です。
　　女：9時15分ですか。ありがとうございました。

1. 女：すみません。今何時ですか。
   男：4時5分すぎです。
   女：えっ、4時5分ですか。図書館は何時までですか。
   男：図書館は4時半までですから、あと25分あります。

2. A：すみません。今何時ですか。
   B：ええと、今7時20分です。
   A：じゃ、つぎのバスは7時24分ですね。

3. 娘：お母さん、今何時？
   母：4時10分前。
   娘：あ、もうすぐテレビの時間ね。

4. 老人：すみません。
   女　：はい。
   老人：今、何時でしょうか。
   女　：えーと、4時5分前です。
   老人：えっ？
   女　：4時5分前です。
   老人：4時5分ですか。

女　：いいえ、今4時5分前です。

5. 娘：今何時?
　　母：7時40分よ。
　　娘：そう、7時40分なのね。
　　母：学校は8時半でしょう。
　　娘：そう。えっ、もう7時40分? 大変。

問題 IV　次の歌を聞いて(　　　)に言葉を書いてください。

　　はるのおがわはさらさらいくよ
　　きしのすみれやれんげのはなに
　　すがたやさしくいろうつくしく
　　さけよさけよとささやきながら

■ 答え
問題 I

問題 Ⅱ （略）

問題 Ⅲ

5 / 7:40	1 / 4:05	3 / 3:50
例 / 9:15	4 / 3:55	2 / 7:20

問題 Ⅳ 次の歌を聞いて（　）に言葉を書いてください。
はるのおがわは（　さらさら　）いくよ
きしの（　すみれ　）やれんげの（　はな　）に
すがた（　やさしく　）いろ（　うつくしく　）
さけよさけよとささやきながら

第7課　いくらですか

問題を聞く前に次の言葉を覚えましょう。

おにぎり：饭团
て ちょう
手帳：记事本
ふでばこ
筆箱：笔盒

ちゅうもん
注文：点单
え はがき
絵葉書：明信片
こうし
子牛：小牛

問題 I　例のように線で結んでください。

例：女：すみません。コーヒーはいくらですか。
　　男：350 円です。

1. 男：この牛乳いくらですか。
   女：150 円です。

2. 子供：このケーキ食べたい。
   母：そうね。すみません。これいくらですか。
   店員：400 円です。

3. 男：これいくらですか。
   店員：このおにぎりは 110 円です。

4. 女：ピザ注文しようか。1500円かあ。

5. 女：チョコレート食べたいなあ。これいくらかな。すみません。これいくらですか。
   店員：これは…120円です。

問題 II　例のように数字と値段を書き入れてください。

例：A：あのう、すみません。そのテレビ、いくらですか。
　　B：これですか。これはいちだい **49800**円です。

1. A：あのう、すみません。そのボールペン、いくらですか。
   B：これですか。これはいっぽん **120**円です。

2. A：あのう、すみません。この消しゴム、いくらですか。
   B：それですか。それはいっこ **80**円です。

3. A：あのう、すみません。こちらの手帳、いくらですか。
   B：それですか。それはいっさつ **250**円です。

4. A：あのう、すみません。この絵葉書、いくらですか。
   B：それですか。それはいちまい **62**円です。

5. A：あのう、すみません。あの筆箱、いくらですか。
   B：あれですか。あれはひとつ **1110**円です。

問題 III　例のように番号と値段を書いてください。

例：A：すみません。このパソコンはいくらですか。
　　B：それは **253000**円です。

1. A：この花を5本ください。

B：はい、5本ですね。1100円です。

2. A：この自転車は2万円ですか。
　　B：いいえ、2万8千円です。
　　A：じゃ、3万円です。
　　B：はい。2千円のおつりです。

3. A：このすいかはいくらですか。
　　B：それは1つ980円です。
　　A：じゃ、これをください。

4. A：その時計はいくらですか。
　　B：これですか。これは14900円です。
　　A：4100円ですか。
　　B：いいえ、14900円です。

5. A：このなしを七つください。
　　B：はい、1個150円で、全部で1050円いただきます。

問題 IV　例のように書いてください。

例：A：あのう、すみません。そのテレビはいくらですか。
　　B：これですか。これは**1台49800円**です。

1. A：あのう、すみません。そのりんごはいくらですか。
　　B：これですか。これは1個90円です。

2. A：あのう、すみません。この葉書はいくらですか。
　　B：これですか。これは1枚55円です。

3. A：あのう、すみません。そのボールペンはいくらですか。
　　B：これですか。これは3本で150円です。

4. A: あのう、すみません。このノートはいくらですか。
   B: 5冊で540円です。

5. A: たくさん牛がいるなあ。牛っていくらなの？
   B: 子牛で1頭50万円だよ。

■ 答え
問題 I

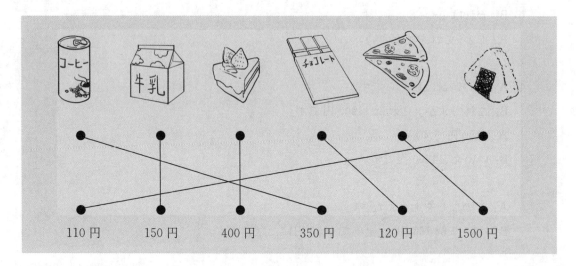

問題 II 1. いっぽん　　120円
　　　　 2. いっこ　　　80円
　　　　 3. いっさつ　　250円
　　　　 4. いちまい　　62円
　　　　 5. ひとつ　　　1110円

問題 III

3/980円	例/253000円	1/1100円
5/1050円	2/28000円	4/14900円

問題 IV　① 1個90円　　② 1枚55円　　③ 3本150円
　　　　 ④ 5冊540円　⑤ 1頭50万円

第8課　誕生日はいつですか

問題を聞く前に次の言葉を覚えましょう。

節分（せつぶん）：节分　　　　　　七夕（たなばた）：七夕
中間（ちゅうかん）テスト：期中考试　出張（しゅっちょう）：出差
読書（どくしょ）：读书　　　　　　事務（じむ）：事务

問題 1　次は日本の祭日や記念日です。聞いて何月何日が書いてください。

例：男：5月5日は何の日ですか。
　　女：こどもの日ですよ。

1. 男：みどりの日は何月何日ですか。
　　女：5月4日です。

2. 女：あ、今日は海の日ですね。
　　男：そうですね。今日は7月21日です。

3. 男：5月5日は男の子の日だよね。じゃ、女の子の日はいつ？
　　女：3月3日よ。

4. 女：2月3日って何の日?
   男：節分の日だよ。

5. 女：もうすぐ七夕よ。
   男：7月7日だね。

問題 11　カレンダーと合っているものに○、違うものに×をつけてください。

例：A：あしたは日曜日ですか。
　　B：はい、明日は日曜日です。　（×）

1. A：今月は何月ですか。
   B：5月です。

2. A：明日は18日ですね。
   B：はい、そうです。

3. A：昨日は何曜日でしたか。
   B：昨日は水曜日でした。

4. A：10日は何曜日でしたか。
   B：金曜日だったでしょう。

5. A：来週の火曜日は何日ですか。
   B：来週の火曜日は21日です。

6. A：あさっては何曜日ですか。
   B：あさっては月曜日です。

問題 III　例のように日にちを書いてください。

例：A：王さん、王さんの誕生日はいつですか。
　　B：誕生日？ 6月6日です。
　　A：えっ？ 6月…
　　B：6日です。

1. **A**：今度の中間テストは来月ですよね。
　　B：はい。10月10日です。
　　A：ああ、10月10日ですか。

2. **A**：張さんの誕生日はいつですか。
　　B：私の誕生日は9月20日です。
　　A：9月2日ですか。
　　B：いいえ、20日。9月20日です。

3. **A**：学校の夏休みはいつからですか。
　　B：夏休みですか。7月4日からです。
　　A：7月8日ですか。
　　B：いいえ、7月4日です。

4. **A**：お父さん、今度の北京出張はいつ？
　　B：ちょっと待ってね。えーと、来月の7日。
　　A：11月7日ですね。

5. **A**：高橋さん、冬休みに国へ帰りますよね。
　　B：ええ、そうです。
　　A：出発はいつですか。
　　B：12月24日です。

| 問題 IV | 次の会話を聞いて必要なことを書いてください。 |

例： わたしの名前は田中よしこです。18歳です。
　　 学生です。趣味は読書です。

1. 私の名前は佐藤幸一です。15歳です。
   高校生です。趣味はサッカーです。

2. 鈴木翔太です。10歳です。
   小学生です。趣味は野球です。

3. こんにちは。吉永愛です。20歳です。
   大学生です。アニメが好きです。

4. 林幸太郎です。35歳です。
   会社員です。毎日、コンピューターを使います。

5. はじめまして、山口さくらです。42歳です。
   料理が好きです。事務の仕事をしています。

■ 答え

問題 I　1. 5月4日　2. 7月21日　3. 3月3日　4. 2月3日　5. 7月7日

問題 II　1. ×　2. ○　3. ×　4. ○　5. ○　6. ×

問題 III　1. 10月10日　　　2. 9月20日　　　3. 7月4日
　　　　 4. 11月7日　　　 5. 12月24日

問題 IV　1. 名前： さとう　こういち　　仕事： 高校生　　年齢： 15 歳
　　　　　　趣味： サッカー
　　　　 2. 名前： すずき　しょうた　　仕事： 小学生　　年齢： 10 歳

趣味：　野球　
3. 名前：　よしなが　　あい　　　仕事：　大学生　　　　年齢：　20　歳
　　趣味：　アニメ　
4. 名前：　はやし　　こうたろう　仕事：　会社員　　　　年齢：　35　歳
　　趣味：　コンピュータ　
5. 名前：　やまぐち　　さくら　　仕事：　事務(会社員)　年齢：　42　歳
　　趣味：　料理

コラム 1

抹茶ブーム

　お茶を飲む習慣が日本に伝えられたのは奈良時代と言われています。

　現代の日本のお茶と言えば緑茶です。緑茶には、抹茶と煎茶がありますが、日本の伝統芸能の一つである茶道で飲まれているのは抹茶です。

　抹茶は碾茶を石臼で挽いて粉末状にしたものです。抹茶は濃い緑で、黒い楽茶碗でお茶を点てるとその緑が引き立ちます。抹茶には渋みや苦みがありますが、茶道では、まずお菓子を食べてからお茶を飲みますので、口の中は甘さと苦みがちょうどよいバランスになります。

　茶道教室に行かなくても、茶筅と抹茶があればお茶は手軽に点てられます。最近ではスーパーなどでもパックに入った抹茶が売られるようになりました。

　抹茶を使ったお菓子やケーキ、アイスクリームなどが増えました。また、お茶の石鹸などもあります。身近なところから抹茶を楽しんでみてはどうでしょうか。

参考：学校茶道教本編集委員会（平成 22 年）『はじめての茶道』淡交社

女1：最近、茶道を始めたの。
女2：えー、今までずっとスポーツしかしてなかっだじやない。急にどうしたの。
女1：「日日是好日（にちにちこれこうじつ）」という映画を見てやってみたくなったの。
女2：へー。で、やってみてどう？
女1：うん。まず、正座をするのが大変。10分も座っていると足がしびれちゃって。
女2：痛そう。私は無理だな。
女1：大丈夫よ、慣れるから。それに美味しいお茶とお菓子が食べられるから一度見学においでよ。
女2：おいしいお菓子!? 行く行く。

第9課　あれは何ですか

問題を聞く前に次の言葉を覚えましょう。

眼鏡（めがね）：眼镜
鶏（にわとり）：鸡
スクールバス：校车
携帯電話（けいたいでんわ）：手机
猿（さる）：猴子
レコード：唱片

問題 I　例のように、ひらがなカタカナを書いてください。

例：けしごむ
① はさみ　② ノート　③ ベッド　④ いす　⑤ つくえ

問題 II　これはだれのですか。線でつないでください。

A：このかばんはだれのですか。
B：それは太郎君のです。
A：このノートも太郎君のですか。
B：いいえ。それは私のです。
A：じゃ、これも王さんのCDですね。
B：いいえ。それは私のではありません。花子さんのです。

A: あっ、そうですか。すみません。
B: あそこのめがねはスミスさんのですか。
A: いいえ。あれは太郎さんのです。ここのジュースがスミスさんのです。
B: それはだれの携帯電話ですか。
A: これもスミスさんのものです。
B: あっ、あのパソコンはだれのですか。
A: あれは佐藤さんのです。

問題 III　私は誰ですか。番号と私の名前を書いてください。

例：牛の鳴き声(効果音を入れる)
1. 鶏の鳴き声(効果音)
2. 猫の鳴き声(効果音)
3. 豚の鳴き声(効果音)
4. 猿の鳴き声(効果音)
5. 犬の鳴き声(効果音)

問題 IV　録音を聞いて答えを書き入れてください。

A: ラモスさんはタイからの留学生ですか。
B: いいえ。私はマレーシアから来ました。
A: 毎日自転車で学校に来ますか。
B: いいえ。自転車ではなく、スクールバスです。
A: ラモスさんの趣味は何ですか。
B: 音楽です。
A: そうですか。これは日本のレコードですか。
B: いいえ。それはイタリアとフランスのものです。
A: きれいな写真ですね。あれはどこですか。
B: あれは韓国旅行の時の写真です。あの建物はスポーツセンターです。
A: 高いですね。何階建てですか。
B: 11階建てです。6階からは選手たちの寮です。

■ 答え
問題 I （略）

問題 II　太郎　　→　かばん、めがね
　　　　私　　　→　ノート
　　　　スミス　→　ジュース、携帯電話
　　　　花子　　→　CD
　　　　佐藤　　→　パソコン

問題 III

問題 IV　1. マレーシア　　　　2. スクールバス
　　　　3. 音楽　　　　　　　4. イタリア　フランス
　　　　5. スポーツセンター　6. 11階
　　　　7. 6階

第10課　お休みは何曜日ですか

> 問題を聞く前に次の言葉を覚えましょう。

聽解：听解

ミーティング：会议

規則：規則

ゴールデンウィーク：黄金周

薄ピンク：淡粉红

事務室：办公室

問題 1　男の人と女の人がカレンダーを見ながら話しています。月、日、曜日を書いてください。

例：女：今日は何日ですか。
　　男：5月1日ですよ。水曜日です。

1. 男：佐藤さんの誕生日はいつですか。
   女：5月10日です。来週の金曜日です。

2. 女：鈴木さんの誕生日はいつですか。
   男：僕も5月です。26日です。
   女：えーっと、何曜日かな…

3. 女：聴解テストは毎週火曜日ですね。
   男：じゃ、今月は何日かな…

4. 女：5月はゴールデンウィークがありますね。
   男：はい。今年は、3日から6日までです。

5. 女：じゃあ、金曜日から…何曜日までだっけ？

問題 II 文化センターの案内を見て、例のように正しい会話に○、正しくない会話に×をつけてください。

例：A：平日は何時からですか。
　　B：9時半からです。　（○）

1. A：土・日は平日と同じ、9時半からですか。
   B：はい、そうです。

2. A：お休みの日はありますか。
   B：はい、あります。

3. A：日曜日は何時から何時までですか。
   B：午後3時から12時までです。

4. A：土曜日は日曜日と同じ、夜11時までですか。
   B：はい、そうです。

5. A：お休みは何曜日ですか。
   B：月曜日と日曜日の午前です。

問題 III 例のように会話の内容を聞いて答えを書いてください。

例：A：今日は10月の最後の日ですね。あしたから11月になりますね。
　　B：はやいですね。
　　［あしたは何日ですか］　（11月1日）

1. ミーティングは1時からですか。あと5分で時間になりますね。急ぎましょう。
   ［いま何時ですか］

2. 男：お誕生日、おめでとう。あいちゃん、いくつになりましたか。
   女：16歳になりました。

男：じゃ、お兄さんは。
女：二つ上です。
［お兄さんはいくつですか］

3. 女：課長、息子さんはおいくつになりましたか。
男：21になりました。
女：まだ学生さんですね。
男：ええ。来年卒業です。
［息子さんは来年いくつになりますか］

4. A：あら、あのセーターは1万円になりましたね。昨日は1万5千円でしたよ。
B：どれ、どれ。
A：あのうすピンク色の。
B：あ、ほんとう。ずいぶん安くなりましたね。
［あのセーターはいくら安くなりましたか］

問題 IV　先生が学生に話しています。何時、何冊、何ページですか。書いてください。

先生：みなさん、ご入学おめでとうございます。今日は学校の規則をお話しします。授業は毎週月曜日から金曜日までです。
先生：昼休みは12時15分から1時までです。食堂は夜7時までです。おいしいですよ。たくさん食べてください。それから、図書館は、朝8時から夜9時まで開いています。一人5冊まで借りることができます。
学生：先生、事務室は朝、何時からですか。
先生：8時半からです。何かわからないとき行ってください。では、今日の授業を始めます。教科書は101ページから105ページまでです。

■ 答え

問題 I　1. 5月10日　金曜日　　2. 5月26日　日曜日　　3. 7、14、21、28日
　　　　4. 3日から6日まで　　5. 金曜日から月曜日

問題 II　1. ×　2. ○　3. ×　4. ×　5. ○

問題Ⅲ　1. 12:55　2. 18歳　3. 22歳　4. 5000円

問題Ⅳ　1. 昼休み：__12__時__15__分　から　__1__時　まで
　　　　2. 食堂：__7(19)__時　まで
　　　　3. 図書館：__8__時　から　__9(21)__時　まで
　　　　　1人　__5__冊まで
　　　　4. 事務室：__8:30__時　から
　　　　5. 教科書：__101__ページ　から　__105__ページ　まで

第 11 課　木の下に犬がいます

問題を聞く前に次の言葉を覚えましょう。

看護婦(かんごふ)：护士
広場(ひろば)：广场
電話(でんわ)ボックス：电话亭

相撲(すもう)：相扑
鳩(はと)：鸽子
喫茶店(きっさてん)：咖啡馆

問題 I　絵を見て例のように、番号を書いてください。

例：うえ

1. みぎ　　2. した　　3. ひだり　　4. うしろ
5. まえ　　6. ちかく　　7. となり　　8. あいだ

問題 II　例のように番号を書いてください。

例：箱の中に猫がいます。
1. 駅のとなりに本屋があります。
2. 木の下に犬がいます。
3. 池のそばに猫がいます。
4. 学校の後ろにレストランがあります。

5. 病院の前に花屋があります。
6. 看護婦の右に相撲さんがいます。
7. ベッドの下に靴があります。
8. 家の前に自転車があります。
9. 広場にはとがいます。

問題 III 会話を聞いて、例のように選んでください。

例：ラモスさんのカメラはどれですか。
　　A：すみません。ラモスさんのカメラはどれですか。
　　B：えっ、ラモスさんのカメラですか。ええと、あそこにありますよ。
　　A：どこですか。
　　B：あのテーブルの上です。
　　A：まどの横のテーブルの上ですか。
　　B：いいえ、真ん中のテーブルの上です。
　　A：ああ、あれですか。ありがとう。　（c）

1. 花子さんはどの人ですか。
　　A：ねえ、ねえ、花子さんはどの人ですか。
　　B：花子さん？　花子さんはあの人ですよ。
　　A：えっ、どの人ですか。売店の前ですか。
　　B：いいえ、あの人はりえさんです。あの池の横ですよ。
　　A：ああ、わかりました。あの人が花子さんですか。

2. りえさんの犬はどこにいますか。
　　A：りえちゃん、りえちゃんの犬はどれですか。
　　B：あれです。私の犬は箱の中にいます。
　　A：箱の中ですか。椅子の上の箱ですか。
　　B：いいえ、もう一つ箱がありますね。わたしの犬はその箱の中ですよ。
　　A：ああ、あれですか。

3. 電話ボックスはどこにありますか。

A：あの、すみません。この近くに、電話ボックスはありませんか。
B：電話ボックスですか。
A：はい。
B：ええと、あそこに喫茶店がありますね。
A：ああ、魚屋の隣りですね。
B：ええ、あの喫茶店と花屋の間に靴屋がありますね。その前です。
A：ああ、分りました。ありがとうございました。

問題 IV　文を言います。絵を描いてください。

机が一つあります。机の上に鞄と眼鏡、ボールペンと電話があります。鞄の前に眼鏡があります。鞄の右にボールペンがあります。電話は鞄の後ろにあります。鞄の中に新聞と傘があります。

机の下に犬が1匹います。犬の前にボールがあります。

机の後ろに窓があります。窓の外に木が1本あります。木の上に猿が1匹と鳥が1羽います。

■ 答え

問題 I

例：①	1. ⑧	2. ②
3. ⑨	4. ⑦	5. ⑥
6. ⑤	7. ④	8. ③

問題 II

4	7	1
例		2
5	8	3
	9	6

問題 III　1. b　2. b　3. b

問題 IV

第12課　東京は人口が多いです

問題を聞く前に次の言葉を覚えましょう。

髪の毛（かみのけ）：头发

長編小説（ちょうへんしょうせつ）：长篇小说

革靴（かわぐつ）：皮鞋

パンダ：熊猫

ネックレス：项链

デンマーク：丹麦

熊（くま）：熊

花瓶（かびん）：花瓶

問題1　次の会話を聞いて、正しいほうの絵を選んでください。

1. A：私たちの寮は学校の近くにあります。
   B：部屋はどうですか。
   A：私の部屋はとても狭いです。広くありません。

2. A：王さんを知っていますか。
   B：はい。知っています。
   A：髪の毛は長いですか、短いですか。
   B：短いです。

3. A：わあ、このネックレス、高いでしょう。こんなにすてきだから。
   B：いいえ。あまり高くないです。

4. A：その小説はどうですか。
   B：新しい長編小説で、面白いですよ。ぜひ読んでください。

5. A：お国はどこですか。
   B：デンマークです。
   A：そうですか。遠い所から来ましたね。向こうは今ごろ寒いですか。
   B：ええ、とても…

6. A：王さんの部屋に花瓶がいくつもありますね。
   B：ええ、彼女は花が好きで、花瓶も大きいのと小さいのといろいろあります。
   A：テーブルの上の花瓶は大きいですか。
   B：いいえ、あまり…

問題 11 絵を見ながら質問を聞いてください。矢印(➡)の人は何と言いますか。正しい番号に○をつけてください。

例：おかわりをしました。何と言いますか。
　　1　わあ、おいしいですね。
　　②　わあ、多いですね。
　　3　わあ、大きいですね。

1. 新しい服を着ました。何と言いますか。
   1 とても小さいなあ。
   2 とても狭いなあ。
   3 とても古いなあ。

2. 部屋の中にいます。何と言いますか。
   1 寒いなあ。
   2 広いなあ。
   3 暑いなあ。

3. ご飯を食べています。何と言いますか。

1　ああ、おいしい。
　　　2　ああ、おかしい。
　　　3　ああ、おもしろい。

4. 町の中にいます。何と言いますか。
　　　1　とてもにぎやかですね。
　　　2　とても元気ですね。
　　　3　とても親切ですね。

5. おじいさんが走ります。何と言いますか。
　　　1　きれいですねえ。
　　　2　便利ですねえ。
　　　3　元気ですねえ。

問題 III　例のように形容詞を書いてください。

例：A：花子さんの靴はどれですか。
　　B：あの白い、古いほうです。
　　A：かばんも白いですか。
　　B：いいえ、かばんは黒いです。とても大きいです。
　　A：時計はどんな時計ですか。
　　B：小さくて細長い時計です。

1. A：お父さんは会社員ですね。
　　B：ええ。だから、とても大きいかばんを持っています。
　　A：靴はどんなのを履いていますか。
　　B：ピカピカの黒い革靴です。
　　A：時計は？
　　B：古い時計ですけど、いいものですよ。

2. A：一郎さんの時計はかっこいいですね。
　　B：ありがとう。でも、安いですよ。

A：しかし、靴はちょっと…
B：あっ、汚いですか。まあ、運動靴だから。
A：いつもそのかばんで学校に行くんですか。
B：ええ、もう古いものですが、授業が多いから、いつも重いです。

3. A：愛ちゃん、今年何年生?
B：一年生。
A：あら、可愛い時計。熊さんの顔ですね。
B：かばんにも熊さんの顔があるよ。
A：そう。どんなかばん。
B：赤い小さいかばん。
A：う〜ん。この靴も赤いね。新しいの?
B：うん。昨日お母さんが買ってくれたの。

問題 IV　質問を聞いて、絵を見ながら例のように書いてください。

例：これは何ですか。　目と足が黒いです。耳も黒いです。でも、かわいいです。
1. これは何ですか。　小さいです。家族が多いです。何でも食べます。
2. これは何ですか。　背が高いです。首が長いです。足も長いです。
3. これは何ですか。　鼻が長いです。体重が重いです。耳が大きいです。
4. これは何ですか。　身体が大きいです。こわいです。肉が好きです。
5. これは何ですか。　首が長いです。顔も長いです。足も速いです。

■ 答え

問題 I　1. b　2. b　3. b　4. a　5. a　6. b

問題 II　1. 1　2. 2　3. 1　4. 1　5. 3

問題 III

	父	一郎	愛ちゃん
くつ	黒い	汚い	新しい 赤い
かばん	大きい	古い 重い	小さい 赤い
とけい	古い いい	安い かっこいい	可愛い

問題 IV　1. ねずみ　2. きりん　3. ぞう　4. とら　5. うま

コラム2

キャッシュレス

2019年10月に消費税が10％になりました。それとともにキャッシュレス決済が進んでいます。

キャッシュレス決済の種類

	種類	例
1.	クレジットカード	VISA、MASTER、JCBなど
2.	デビットカード	JCBデビット、三菱UFJデビットなど
3.	電子マネー	Suica(スイカ)、PASMO(パスモ)など
4.	プリペイドカード	LINE Payカード、au WALLETカードなど
5.	コード決済	PayPay(ペイペイ)、Origami Pay(オリガミペイ)など

参考：岩田昭男監修『キャッシュレス決済超入門』宝島社

男：おいしかったね。ここの焼肉。
女：あ、財布忘れちゃった。
男：え～。それって、計画的なんじゃないの?
女：そんなことないよ。それに、財布がなくてもお金は払えるから大丈夫。
男：あ、クレジットカードがあるんだ。
女：違う違う。スマホで支払うの。
男：スマホで?
女：スマホにアプリを入れてるの。私はペイペイだけど、色々な種類があるのよ。
男：僕もスマホだけど、スマホで支払ったことはないなあ。
女：ペイペイで支払うとポイントもたまるし、お金の支払い記録も残るから便利なのよ。
男：ポイントがたまるのはいいなあ。僕も始めようかな。

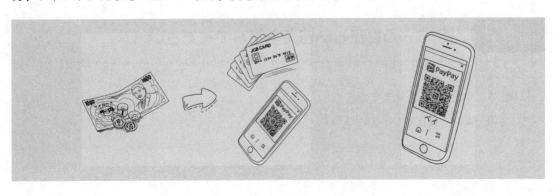

第13課　王さんの一日

問題を聞く前に次の言葉を覚えましょう。

祭(まつ)り：祭祀

おでん：关东煮

下(さ)がる：下降

納豆(なっとう)：纳豆

スカート：裙子

遅刻(ちこく)：迟到

問題 I　例のように線で結んでください。

例：メールを読みます。
1. お祭りを見ます。
2. めがねを探します。
3. 納豆を食べます。
4. おでんを買います。

問題 II　例のように正しい答えを選んでください。

例：A：今晩、映画を見ますか。
　　B：はい。見ます。　（a）

1. A：明日銀行へ行きますか。
   B：はい。行きます。

2. A：さっき、山田さんに会いましたか。
   B：いいえ。会いませんでした。

3. A：今朝、牛乳を飲みましたか。
   B：ええ、少し。

4. A：今日の新聞を読みましたか。
   B：いや、まだです。

5. A：良子さんは家に帰りましたか。
   B：ええ。もう。

6. A：今晩仕事はもうしませんね。
   B：ええ、もちろん。

7. A：日曜日はいつも家にいますか。
   B：ええ、いつも。

8. A：今晩レポートを書きますか。
   B：いや、ちょっと。

9. A：今朝のニュースを聞きましたか。
   B：はい、ちょっと。

10. A：スカートを買いましたか。
    B：ええ、いいのがありまして。

問題 III 例のように○か×をつけてください。

例： A：今日は学校へ行きますか。
　　 B：いいえ、今日は行きません。図書館へ行きます。

1. A：見ましたね。昨日の映画。おもしろかったでしょう。
   B：いいえ。昨日テレビで野球の試合を見ましたけど。

2. A：洗濯をしましたか。
   B：ええ、しました。掃除までも。

3. A：ご飯を食べますか。
   B：やあ、お酒をたくさん飲みましたから、いいです。

4. A：田中さんに電話をかけましたか。
   B：かけましたけど、出ませんでした。

問題 IV 次は王さんの一日の生活です。話を聞いて一日の生活に関する動詞を8つ書いてください。

先生：王さん、最近成績が下がっていますが、どうしましたか。
王：すみません、先生。
先生：今日も遅刻しましたね。今日は何時に起きましたか。
王：えーっと。9時半です。
先生：授業は9時からですよ。毎日、学校から帰って、何をしていますか。
王：ゲームをします。それから、コンピュータで遊びます。そして、寝ます。
先生：それだけですか。
王：あ、いいえ。ご飯を食べます。母の料理はとてもおいしいです。
先生：そうですか。じゃ、宿題はいつしますか。
王：宿題は…しません…

■ 答え
問題 I

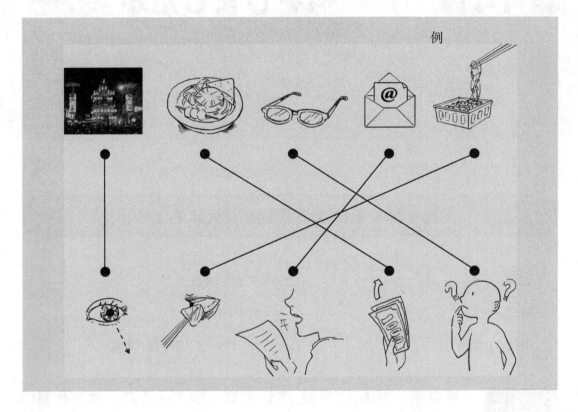

問題 II　1. b　2. b　3. a　4. b　5. a
　　　　6. a　7. b　8. a　9. a　10. b

問題 III

例	1	2	3	4
×	○	○	×	○
○	×	○	○	×

問題 IV

例：下がります	遅刻します	起きます	帰ります
遊びます	寝ます	食べます	（宿題）します

第 14 課　　何をしましたか

> 問題を聞く前に次の言葉を覚えましょう。

泥棒（どろぼう）：小偷　　　　　　夕食（ゆうしょく）：晚饭
普段（ふだん）：平常　　　　　　　お寺（てら）：寺庙
日焼け（ひやけ）：晒黑　　　　　　オーストラリア：澳大利亚

問題 I　警察官と男の人が話しています。例のように○か×を書いてください。

警察：昨日の夜、隣の家に泥棒が入りました。あなたは昨日、何時に家に帰りましたか。
男：夜9時に帰りました。
警察：夕食は何時に食べましたか。
男：えーっと、7時に食べました。
警察：そうですか。じゃあ、お風呂に入りましたか。
男：いいえ、昨日は入りませんでした。
警察：どうしてですか。
男：昨日は、たくさんお酒を飲みましたから。
警察：そうですか。じゃあ、それから寝ましたか。
男：いいえ、昨日は朝までDVDを見ました。

第14課　何をしましたか

問題 11　次の短い会話を聞いて、会話の内容と合っているものを選んでください。

例：男：李さん、これから一緒にカラオケへ行きましょう。
　　女：いいですね。行きましょう。　（a）
　　　　a. 女の人はカラオケへ行きます。
　　　　b. 女の人はカラオケへ行きません。

1. 男：林さん、夕食はまだですか。
　　女：いいえ、もうすみました。
　　　　a. 女の人は晩ご飯を食べました。
　　　　b. 女の人はこれから晩ご飯を食べます。

2. 男：王さん、デパートで何を買いましたか。
　　女：いえ、何も。
　　　　a. 女の人は何か買いました。
　　　　b. 女の人は何も買いませんでした。

3. 男：張さんは毎日テレビを見ますか。
　　女：そうですね。忙しくないときは見ますが。
　　　　a. 女の人は時々テレビを見ます。
　　　　b. 女の人はテレビを見ません。

4. 男：周さん、ちょっと休みましょう。コーヒーを飲みませんか。
　　女：ありがとう。でも、夜はコーヒーはちょっと。水をください。
　　　　a. 女の人はコーヒーを飲みます。
　　　　b. 女の人はコーヒーは飲みません。

5. 男：陳さんは一日にどのぐらい日本語を勉強しますか。
　　女：そうですね。3時間ぐらいです。
　　　　a. 女の人は一日に3回ぐらい勉強します。
　　　　b. 女の人は一日に3時間ぐらい勉強します。

問題 III　次のインタビューを聞いて、その答えを書いてください。

1. 女：すみません。あたなの普段の日の生活を教えてください。
   男：ええ、ぼく？
   女：ええ。
   男：そうですか。えーと、朝は6時に起きます。朝ご飯を食べるでしょう。それから、バスと地下鉄で会社に行きます。
   女：お仕事は9時からですか。
   男：いいえ、9時半からです。12時半頃昼ご飯を食べますね。それからたいてい、そうですね、8時頃まで会社にいますが。
   女：お忙しいですね。
   男：夜10時ごろうちに帰ります。11時には寝ます。だいたいこんなとこでしょう。
   女：どうもありがとうございました。お忙しいところすみませんでした。

2. 女：学生さんですか。あなたの普段の日の生活を教えてください。
   男：8時ごろ起きるかなあ。学校まで自転車で行きます。
   女：近いですか。
   男：ええ。それから、えーと、授業はたいてい9時から3時まで、昼ご飯は12時に食べます。6時ごろ家へ帰ります。夜は、そうですね、1時ごろ寝ます。

3. 女A：すみません。奥さんの普段の日の生活を教えてください。
   女B：あたし？ あたしの普段の日？
   女A：はい。お願いします。
   女B：そうねえ。6時半ごろ起きます。まず朝食を作ります。それから、8時半ごろ仕事に行きます。え、あの、パートの仕事。
   女A：電車で？
   女B：いいえ、近いから歩いていきます。
   女A：そうですか。一日どのぐらい働きますか。
   女B：8時半から4時までです。
   女A：お昼ご飯は12時ごろ？
   女B：いいえ、1時ごろですね。1時ごろ食べます。4時半にうちへ帰りますね、たい

　　　　てい。
　　女A：寝るのは?
　　女B：そうね。10時半ごろです。朝早いから10時半には寝ますね。
　　女A：どうもいろいろありがとうございました。
　　女B：いいえ。どういたしまして。

問題 IV　次の会話を聞いて、空欄に答えを書きなさい。

1. 女：あら、林さん、この二、三日見かけませんでしたね。
　　男：ええ、実は休みを利用して、両親と旅行に行きました。これ、京都のお土産です。
　　女：あら、嬉しいわ。ありがとう。どうでした。京都は。
　　男：楽しかったです。お寺や古い建物をたくさん見ました。
　　女：どのぐらいいたんですか。
　　男：二日です。また行きたいです。

2. 男：好子さん、ずいぶん日焼けしていますね。
　　女：ええ。クリスマスにオーストラリアに行ったんです。友達と。
　　男：オーストラリアですか。うらやましいなあ。どうでしたか、気候は。暖かかったですか。
　　女：いや、暖かかったというか、暑かったです。四日間、毎日泳ぎました。海はきれいでしたよ。
　　男：よかったですね。

3. 男：弓子さん、冬休みはどうでしたか。
　　女：家族で北海道へスキーに行きました。とても楽しかったです。
　　男：どのぐらい行ったんですか。
　　女：二泊三日です。でも、だいぶ上手になりました。
　　男：それはよかったですね。

■ 答え
問題 I

問題 II　1. a　2. b　3. a　4. b　5. b

問題 III

会社員	学生	奥さん
6時	8時	6時半
バスと地下鉄	自転車	歩く
9時半~20時	9時~15時	8時半~16時
12時半	12時	13時
23時	1時ごろ	22時半

問題 IV

林	好子	弓子
京都	オーストラリア	北海道
お寺や古い建物を見た	泳いだ	スキーをした
二日間	四日間	三日間

第15課　歩きながら食べます

問題を聞く前に次の言葉を覚えましょう。

遠慮(えんりょ)：顾虑

ケース：盒子

電子(でんし)レンジ：微波炉

タオル：毛巾

容器(ようき)：容器

パセリ：芹菜

問題 I　録音を聞いて内容と合っているものに番号を書いてください。

1. 女：あなた、ご飯を食べながら新聞を読まないでください。
   男：いいだろう。朝は時間がないんだ。

2. 男：あ、お父さん、寝ながら煙草を吸っているよ。
   女：あなた、寝ながら煙草を吸うのはよくないですよ。火事になるわよ。

3. 男1：もういっぱい、どうです。どうぞ、どうぞ。
   男2：それじゃ、遠慮なく。
   男1：飲みながら話すのが一番。
   男2：ははは…

4. 女：ひろし、ひろし、聞こえないの。ひろしったら。

男：あ、お母さん、何か言った。
女：音楽を聞きながら勉強するのはよくないよ。

5. 女1：こちらでお茶を飲みながらお菓子でも食べません？
   女2：いただきます。まあ、おいしい。

6. 男：お母さん、あの人、歩きながら食べているよ。いいの。
   女：アメリカの習慣ね。でも、日本では、歩きながら食べるのはよくないのよ。

7. 女：みんなで歌を歌いましょう。だれがギターを弾きますか。
   男：私が弾きます。私はギターを弾きながら歌います。みなさんは歌いながら踊ってください。

8. 男：これから、アルバイト？
   女：ええ。ハンバーガーの店でバイトしているんです。
   男：働きながら勉強するのはたいへんだね。
   女：はい。

問題 11　例のように正しい答えを選んでください。

例：女：李さん、大きなかばんですね。
　　男：ええ。この中にはタオルやいろいろなものがあります。友達と泳ぎに行きますから。
　　[李さんはどこへ行きますか]　ⓐ. 海　　b. 山　　c. 駅

1. 女：林さん、体の具合が悪いんですか。
   男：ええ、ちょっと頭が痛いです。風邪薬を買いに行きます。
   [林さんはどこへ行きますか]　a. 帽子屋　　b. すし屋　　c. 薬屋

2. 女：陳さん、そのケースは何ですか。
   男：日本人形です。妹に送ります。今からこれを出しに行きます。
   [陳さんはどこへ行きますか]　a. デパート　　b. 郵便局　　c. 駅

3. 女：李さん、いい天気ですね。
   男：ほんとうに。今日は暇ですから、散歩に行ってきます。
   女：いいですね。
   [李さんはどこへ行きますか]　a. 公園　　b. 会社　　c. 病院

4. 女：鄭さん、仕事は終わりましたか。
   男：ええ。夏子さんも？
   女：ええ。じゃ、一緒に食事に行きませんか。
   男：いいですね。行きましょう。
   [鄭さんと夏子さんはどこへ行きますか]　a. レストラン　　b. 会社　　c. 家

5. 女：王さん、どちらへ。
   男：ちょっと新宿へ外来語辞書を買いに行きます。
   女：外来語辞書ですか。図書館にありますよ。
   男：ええ。でも、よく使うものだから、やはり自分で持っていたほうがいいですから。
   [王さんはどこへ行きますか]　a. 図書館　　b. 本屋　　c. 映画館

問題 III　会話を聞いて、例のように書いてください。

例：田中：木下さん、どこへ行きますか。
　　木下：あ、田中さん。今から海へ行くんです。
　　田中：いいですね。あれ？でも水着がありませんね。
　　木下：友達とバーベキューをするんですよ。

1. A：大きなカバンですね。旅行ですか。
   B：いいえ。友達の家へ行くんです。
   A：そんなにたくさんの荷物を持って行くんですか。
   B：ええ、1週間くらい泊めてもらうつもりです。

2. A：先週から洗濯機が壊れてしまったんです。
   B：それは大変ですね。じゃ、洗濯はどうするんですか。

A：コインランドリーへ行きます。アイロンもかけられるから便利ですよ。

3. A：そんなに急いでどうしたんですか。
　　B：忘れ物をしたんです。
　　A：それは大変。あと15分でバスが来ますよ。急いで。

4. A：一緒に食堂へ行きませんか。
　　B：ごめんなさい。今日中に返す本があるんです。
　　A：そうですか。じゃ、ここで待っています。

5. A：今日は授業が終わったら、部屋の掃除をします。
　　B：どうしてですか。いつも掃除をしないのに。
　　A：私の家で友達と一緒に宿題をするんです。

問題 IV　問題を聞いて、1から4の中から、一番いいものを一つ選んで○をつけてください。

1番　男の人と女の人が話しています。男の人は今から何をしますか。
　　男：勉強が終わりましたね。今から、どこへ行きますか。
　　女：今から友達と一緒に映画を見ます。一緒に行きませんか。
　　男：あ、僕はこれから田中君と買い物をします。
　　女：そうですか。今日はデパートがセールですね。
　　男：あ、僕はスーパーで果物を買います。

2番　先生が料理の作り方を話しています。最後に何をしますか。
　　先生：では、簡単なスープの作り方を説明します。まず、野菜を切ってください。それから、肉を切ります。そして、お水を200CC容器に入れてください。そして、鶏のスープを入れて、電子レンジで5分間温めます。最後にパセリをかけてください。

3番　男の人と女の人が話しています。男の人の家では何をしてはいけませんか。
　　男：毎週夜8時からのドラマを見ていますか。面白いですよ。
　　女：私の家では、テレビを見ながらご飯を食べてはいけないんです。

男：えー、厳しいですね。
女：毎日夕食は8時からなんです。残念。吉田さんの家はいいですね。
男：ええ、でも僕の家では妻が厳しくて、音楽を聞きながら仕事をしてはいけないんです。

■ 答え

問題 I

1	8	7
	5	2
4	3	6

問題 II 1. c 2. b 3. a 4. a 5. b

問題 III
1. 友達の家へ＿＿＿泊まりに＿＿＿行きます。
2. ＿＿＿コインランドリー＿＿＿へ＿＿＿洗濯をしに＿＿＿行きます。
3. ＿＿＿家＿＿＿へ＿＿＿忘れ物を取りに＿＿＿帰ります。
4. ＿＿＿図書館＿＿＿へ＿＿＿本を返しに＿＿＿行きます。
5. 友達が＿＿＿家＿＿＿へ＿＿＿宿題をしに＿＿＿来ます。

問題 IV 1番 c   2番 b   3番 b

第16課　夏と冬とどちらが好きですか

問題を聞く前に次の言葉を覚えましょう。

クラシック：古典音乐

ロック：摇滚乐

田舎(いなか)：乡下

水泳(すいえい)：游泳

迷う(まよう)：犹豫

遊園地(ゆうえんち)：游乐场

問題 I　例のように好きなのを選んでください。

例：A：小さい花と大きい花とどちらが好きですか。
　　B：大きいほうが好きです。　（b）

1. A：クラシックとロックとどちらが好きですか。
   B：私は静かなのが好きですから、ロックはちょっと…

2. A：まちと田舎とどちらが好きですか。
   B：田舎は静かでいいですが、まちは便利だから好きです。

3. A：夏と冬とどちらが好きですか。
   B：冬は寒いから、あまり好きではありません。

4. A：山と海とどちらが好きですか。
   B：水泳ができないから、山登りが好きです。

5. A：コーヒーとジュースとどちらが好きですか。
   B：ジュースよりコーヒーのほうをよく飲みます。

6. A：肉と魚とどちらが好きですか。
   B：肉はきらいではありませんが、魚のほうをよく食べます。

7. A：テニスとサッカーとどちらが好きですか。
   B：私は二人でするスポーツはあまり好きではないのです。

問題 II 例のように内容と合っているものに○、違っているものに×をつけてください。

例：A：クラス会をやりたいですが、来週と今週とどちらが都合がいいですか。
　　B：どちらでもいいですが、来週はたぶん今週より少し忙しいと思います。ですから…
　　A：そうですか。分りました。
　　　a. クラス会は来週のほうがいいです。　　　（×）
　　　b. クラス会は来週より今週のほうがいいです。（○）
　　　c. 今週は来週より忙しいです。　　　　　　（×）
　　　d. 来週は今週より忙しいです。　　　　　　（○）

1. A：日本出張はいつも大阪や京都など関西のほうが多いですね。
   B：そうですね。でも、今度は東京へ行ってきました。
   A：東京と京都とはずいぶん違うでしょう。
   B：ええ。東京は大都会で、高層ビルが多いですが、京都は静かな町で、古い庭園がたくさん残っています。
   　a. 東京には古い庭が多いです。
   　b. 東京より京都のほうが古い庭が多いです。
   　c. 京都より東京のほうが古い庭が多いです。
   　d. 京都より東京のほうが静かで高層ビルが多いです。

2. A：寒いですね。
   B：寒いでしょう。冬は東京より北京のほうがずっと寒いですよ。
   A：でも、夏は？
   B：夏は東京より北京のほうが涼しいです。
      a. 東京の夏は涼しいです。
      b. 東京より北京の夏は涼しいです。
      c. 北京より東京のほうが暑いです。
      d. 東京より北京のほうが暑いです。

3. A：中国は日本よりずっと広いですね。
   B：そうですね。
   A：アジアで広さが日本と同じぐらいの国を知っていますか。
   B：知っています。マレーシアやフィリピンなどです。
   A：日本より少し大きいですか。
   B：いいえ。日本のほうが少し大きいです。
      a. 日本は中国ほど広くないです。
      b. 日本はマレーシアより小さいです。
      c. 日本よりマレーシアのほうが小さいです。
      d. マレーシアより日本のほうが広いです。

4. A：かっこいいですね。どちらへ行きますか。
   B：海へ行きます。プールよりずっと面白いですよ。
   A：海ですか。山と海とどちらが好きですか。
   B：そうですね。夏はよく海へ行きますが、歩くほうが好きだから、やはり山のほうです。
      a. 山より海のほうが好きです。
      b. 海より山のほうが好きです。
      c. 海も山もあまり好きではありません。
      d. 海はきらいですが、山は好きです。

5. A：ね、ね、あれとこれとどちらがいい。
   B：まあ、あれもこれも悪くないね。

A: だから、迷っちゃうわ。
B: でも、周さんが着るんだろう。やはりグリーンよりブルーのほうがいいんじゃないかと思うよ。
   a. いいものがないから困っています。
   b. どちらがいいか迷っています。
   c. ブルーよりグリーンのほうがいいです。
   d. ブルーのほうがグリーンよりいいです。

問題 III　例のように書いてください。

例：先生：文法と会話とどちらの授業が好きですか。
　　学生：私は人と話すのが好きです。

1. A: 日曜日は何をしようか。映画と遊園地とどちらがいい？
   B: おもしろい映画があるの。一緒に行きましょう。
2. A: 田中君は双子だよね。どちらが背が高いですか。
   B: 大体同じだけど、弟かな。
3. A: 寮から近いコンビニは、ローソンかなセブンイレブンかな。
   B: ローソンは歩いて10分くらい、セブンイレブンは20分くらいかな。
4. A: 桜コーポとつつじハウスは、どちらが便利ですか。
   B: 桜コーポはスーパーまで自転車で15分かかりますよ。

問題 IV　文を聞いて1から3の中から一番いいものを一つ選んで○をつけてください。

1番　女：すみません。これいくらですか。
　　　男：1　はい。200円です。
　　　　　2　はい。それです。
　　　　　3　はい。どういたしまして。

2番　男：疲れましたね。ちょっと休みませんか。
　　　女：1　いいえ。疲れましたね。

　　　　　2　そうですね。休みましょう。
　　　　　3　ええ。少しです。

3番　女：牛肉と豚肉とどちらが好きですか。
　　　男：1　豚はかわいいです。
　　　　　2　牛肉は高いです。
　　　　　3　どちらも好きじゃありません。

4番　男：佐藤さんは何人兄弟ですか。
　　　女：1　父と母の3人家族です。
　　　　　2　姉と兄がほしいです。
　　　　　3　私は一人っ子です。

5番　女：この洋服はいかがですか。
　　　男：1　ありがとうございます。でも、また来ます。
　　　　　2　ありがとうございます。ごちそうさまでした。
　　　　　3　ありがとうございます。いらっしゃいませ。

■ 答え

問題Ⅰ　1. a　　2. a　　3. a　　4. b
　　　　5. a　　6. b　　7. b

問題Ⅱ　1. a. ×　b. ○　c. ×　d. ×
　　　　2. a. ×　b. ○　c. ○　d. ×
　　　　3. a. ○　b. ×　c. ○　d. ○
　　　　4. a. ×　b. ○　c. ○　d. ×
　　　　5. a. ×　b. ○　c. ×　d. ○

問題Ⅲ　1.　映画のほうがいいです。
　　　　2.　弟のほうが背が高いです。
　　　　3.　ローソンのほうが近いです。
　　　　4.　つつじハウスのほうが便利です。

問題 IV　1番　①　2　3
　　　　 2番　1　②　3
　　　　 3番　1　2　③
　　　　 4番　1　2　③
　　　　 5番　①　2　3

コラム3

元号が「令和」に

日本の最近の元号

西暦	元号	読み方
1865～1868年	慶応	けいおう
1868～1912年	明治	めいじ
1912～1926年	大正	たいしょう
1926～1989年	昭和	しょうわ
1989～2019年	平成	へいせい
2019～	令和	れいわ

女：日本の元号が変わったわね。ところで、日本の元号はたくさんあるけど、どんな時に変わるの?

男：明治時代から新しい天皇が変わると元号も変わるようになったそうだよ。

女：ふーん。そうなんだ。

男：でも、昔は何か飢饉などの天災が起こったときに、変えたらしいよ。

女：そうなのね。「一から始めるぞ、頑張るぞ」という気持ちになるのかな。

男：そういえば「令和」の元号に関係があるとかで、福岡県の太宰府市にある「坂本八幡宮」に観光客が集まってるらしいね。万葉集に収められた歌が詠まれた場所だとか。

女：そうそう。私、今御朱印を集めているから一度行ってみたいな。

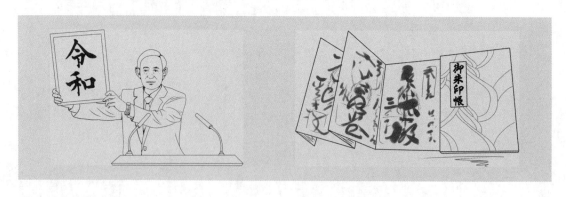

第17課　値段を安くします

> 問題を聞く前に次の言葉を覚えましょう。

　　<ruby>光<rt>ひかり</rt></ruby>：光　　　　　　　　パーマ：烫发

　　<ruby>髪型<rt>かみがた</rt></ruby>：发型　　　　　　カット：剪发

　　<ruby>剃<rt>そ</rt></ruby>る：剃　　　　　　　<ruby>退屈<rt>たいくつ</rt></ruby>：无聊

問題 1　例のように正しい絵を選んでください。

例：部屋を明るくします。
1. 髪の毛を短くします。
2. 箱を軽くします。
3. 音を大きくします。
4. 車をきれいにします。
5. 値段を安くします。
6. 電気の光を弱くします。
7. 体を丈夫にします。
8. 火を強くします。

問題 11　次の会話を聞いて、例のように希望した髪型を選んでください。

例: A: 今日はいかがなさいますか。
　　B: パーマをかけたいんです。
　　A: カットはどうしましょうか。
　　B: 切らないでください。
　　A: パーマは強くかけますか、弱くかけますか。
　　B: 強くかけてください。あのロック歌手みたいな髪型がいいわ。
　　A: はい。わかりました。

1. A: お待たせしました。今日はカットですね。
　　B: ええ。
　　A: どんな髪型がよろしいですか。
　　B: にわとりのような頭にしたいです。
　　A: にわとり？　あの、コケコッコーの…ですか。
　　B: はい。頭の真ん中にだけ髪があって…
　　A: あ、わかりました。

2. A: いらっしゃいませ。奥様、今日はいかがなさいますか。
　　B: 前髪だけパーマをお願いします。
　　A: カットはどうなさいますか。
　　B: 肩ぐらいまで切ってください。
　　A: 肩ぐらいの長さなら、弱くパーマをかけたほうがいいですよ。
　　B: そうですか。
　　A: ええ。奥様にお似合いだと思いますよ。
　　B: じゃ、そのようにしてください。

3. A: お客様、カットでございますか。
　　B: ええ、短く切ってください。
　　A: どのぐらい。
　　B: とても短くしたいです。耳が出るように。

A：前髪のほうはどうしますか。
B：切らないでください。
A：はい。かしこまりました。

4. A：お待たせしました。今日はどういたしましょうか。
B：髪を全部切ってください。
A：えっ、剃る…ということですか。
B：そうです。おやじとけんかをしたから。
A：本当によろしいですか。
B：はい。剃ってください。

問題 III　会話を聞いて、例のように書いてください。

例：女：昨日、日本の友達からメールが来たんです。留学生活頑張れって。
　　　　　メールをもらって(ピー)なりました。もっと頑張ります！

1. 男：若い時は髪が長かったけれど、今は(ピー)なりました。同級生は僕がわからないんです。
2. 女：ちょっと大きいですね。玉ねぎは(ピー)方がおいしいですよ。
3. 男：田中くんのスピーチは退屈だよ。もう少し(ピー)ほうがいいと思うよ。
4. 女：同級生の佐々木君、いつもテストの結果が良かったね。今(ピー)なって病院で働いているよ。

問題 IV　おじいさんと孫が写真を見ながら話しています。今、銀座の町はどうなりましたか。

孫：おじいちゃん、それ、何？
祖父：これは、昔の銀座写真だよ。おじいちゃんがまだ子供のころだ。
孫：え〜。建物が多くなったね。人もたくさんいる。
祖父：ああ、そうだね。とてもにぎやかになったね。
孫：うん。建物も高くなったし、道も狭くなった。
祖父：ああ、それに人々の洋服もきれいになった。本当に東京の町は変わったよ。それにこの

写真もとても古くなったなあ。

■ 答え

問題 I

8	3	5
2	6	例
4	1	7

問題 II

4		1	3
	例		2

問題 III　1. <u>髪の毛が薄く</u>なりました。
　　　　 2. <u>小さく</u>します。
　　　　 3. <u>短く</u>します。
　　　　 4. <u>医者</u>になりました。

問題 IV　建物は、_____多く_____なりました。
　　　　 町は、_____にぎやかに_____なりました。
　　　　 建物の高さは、_____高く_____なりました。
　　　　 人々の洋服は、_____きれいに_____なりました。
　　　　 写真は、_____古く_____なりました。

第18課　今電話をかけています

問題を聞く前に次の言葉を覚えましょう。

<small>だいず</small>
大豆：大豆

<small>ゆうしょう</small>
優勝：优胜

ジム：健身房

インタビュー：采访

<small>けっこう</small>
欠航：停航

<small>よしゅう</small>
予習：预习

ガーデニング：西洋园艺

問題 1　例のように番号を書いてください。

例：A：マリーさんは今何をしていますか。
　　B：あそこで電話をかけています。

1. 女：テレビを消して、はやく勉強しなさい。
　　男：すぐ終わるから、もうちょっと。

2. 女：まだテレビを見ているの。ちょっと手伝って。
　　男：えっ、今、宿題しているんだ。

3. 男：たけしは?
　　女：運動会で走ったから、今、お風呂に入ってるわ。

4. 男：ブラウンさんは？
   女：ラジオで天気予報を聞いています。明日運動会に出るから、天気のことが心配で。

5. 男の子：お父さん、がんばって。
   女：お父さん、どこ？
   男の子：ほら、あそこ、走っているんだ。いま二番目だ。

問題 II　次の短い会話を聞いて、内容と合っているものを一つ選んでください。

例：男：この白いものは何ですか。チーズですか。
　　女：いいえ。チーズではありません。とうふです。
　　男：何で作りますか。牛乳ですか。
　　女：いいえ。大豆で作ります。
　　男：そうですか。
　　　a. 大豆はとうふで作ります。
　　　ⓑ とうふは大豆で作ります。
　　　c. とうふは牛乳で作ります。

1. 男：マリアさん、それは何ですか。
   女：これ？ これはえはがきです。
   男：ロンドンのご両親に出すんですか。
   女：いいえ。中国の友達に出します。
   男：日本語で書きましたか。
   女：いいえ。まだ下手ですから、国のことばで書きました。
   　　a. 女の人は日本語で書きました。
   　　b. 女の人は英語で書きました。
   　　c. 女の人は中国語で書きました。

2. 女：おはようございます。もう予習していますか。早いですね。いつも何時に学校に着きますか。
   男：そうですね。8時ごろ来ます。

第18課　今電話をかけています　73

　　女：家から学校まで遠いでしょう。いつも何時に家を出ますか。
　　男：7時ちょっと前です。地下鉄が速いから、授業の前に少し勉強もできます。
　　　　a. 男の人はいつも8時ごろ家を出ます。
　　　　b. 男の人はいつも7時ごろ学校に来ます。
　　　　c. 男の人はいつも8時ごろ学校に来ます。

3. 男：今、何時ですか。
　　女：もう6時半ですよ。音楽会は7時からですね。
　　男：ええ。時間がありませんから、タクシーで行きませんか。
　　女：そうですね。でも、この辺にはタクシーはあまり来ませんよ。
　　男：じゃ、バスで行きましょうか。
　　女：そうですね。えーと、バス停は…あっ、あそこに地下鉄の入口がありますよ。あれで行きましょう。
　　男：じゃ、そうしましょう。
　　　　a. 二人はタクシーで行きます。
　　　　b. 二人は地下鉄で行きます。
　　　　c. 二人はバスで行きます。

問題 III　会話を聞いて、例のように書いてください。

例：A：どうして交流会に行かないんですか。
　　B：いとこの結婚式があるんです。

1. A：どうして元気がないんですか。
　　B：テストで0点だったんです。
2. A：うれしそうですね。どうしたんですか。
　　B：スピーチ大会で優勝したんです。
3. A：あれ、昼ご飯を食べないんですか。
　　B：財布をなくしたからお金がないんです。
4. A：明日、沖縄へ行くんですよね。
　　B：それが、台風が来ますから欠航になったんです。

| 問題 IV | 女の人がインタビューをしています。次のメモを完成してください。 |

女：今日は世界的に有名なミュージシャンのルイさんにインタビューをします。どうぞよろしくお願いします。

男：よろしく。

女：ルイさんは、たくさんいい音楽を作って、歌っていますよね。どうやって歌を作っていますか。

男：そうですね。カフェでコーヒーを飲みながら、音楽を作っています。

女：えー、コーヒーが好きなんですね。毎日、どのくらい飲みますか。

男：そうですね。1日に3～4杯は飲みますよ。

女：そうですか。じゃ、毎日お忙しいと思いますが、お休みの日は何をしていますか。

男：そうだな。休みの日は、ジムに行って運動をしています。コンサートは大変ですから。

女：ジムに行ってから、何をしますか。

男：そうだな。僕は植物が好きなんです。だから、家でガーデニングをしています。

女：へー。お花が好きなんですか。

男：花も好きだけど、野菜が好きだから、野菜を育てています。

■ 答え

問題 I

1	例	3
4	5	2

問題 II　1. b　2. c　3. b

問題 III　1. ＿テストで0点でした＿から、＿元気がありません＿。
　　　　　2. ＿スピーチ大会で優勝しました＿から、＿うれしいです＿。
　　　　　3. ＿お金がありません＿から、＿昼ご飯を食べません＿。
　　　　　4. ＿台風が来ます＿から、＿欠航になりました/飛行機が飛びません＿。

問題 IV　名前：＿ルイ＿

歌を作るとき： ___コーヒーを飲みながら作ります___
休みの日： ___ジムで運動してから___
　　　　　　___家でガーデニングをしています___
好きな飲み物： ___コーヒー___
好きな食べ物： ___野菜___

第19課 やっと帰ることができます

問題を聞く前に次の言葉を覚えましょう。

ガソリン：汽油
貸し出し禁止（かしだしきんし）：禁止出借
免許（めんきょ）：驾照
レンタカー：租赁汽车
面接（めんせつ）：面试
片道（かたみち）：単程

問題 I　会話を聞いて、質問に対して正しい答えを一つ選んでください。

A：こんないい天気、どこかへドライブに行きたいですね。
B：私も行きたいです。じゃ、どこがいいですか。
A：でも、残念なことに、どこへも行くことができませんよ。
B：行くことができないって、時間がないんですか。
A：時間はありますけど、車がないんです。
B：えっ、田中さんは車を持っているんじゃないですか。
A：前に小さいのを持っていたんですけど、古くなったから、去年売りました。
B：もっと大きい車を買うつもりですか。
A：そうですね。ほしいですが、ガソリン代も、税金も高いから、なかなか買うことができません。
B：ほら、見て。あそこ、レンタカー。今、あれを使う人も多いんですよ。
A：高いですか。

B: 私もレンタル料金とガソリン代を半分払いますから、今度の週末、一緒にどこかへ行きましょうよ。

A: じゃ、そうしましょう。ちょっと聞いてみましょうね。

問1. 大きい車を買うことができないのはなぜですか。
   a. 車の運転が難しいです。
   b. ガソリン代などいろいろお金がかかります。
   c. 車が高いです。

問2. 行くことができないのはなぜですか。
   a. 時間はありますが、車がありません。
   b. 車を持っていますが、時間がありません。
   c. 時間も車もありません。

問3. 二人は何を決めましたか。
   a. 料金を半分ずつ払って車を買うことにしました。
   b. 友達の車を借りてドライブに行くことにしました。
   c. レンタカーでドライブに行くことにしました。

問題 11　次の会話を聞いて、その内容と合っているものに○、違っているものに×をつけてください。

1. A: 日漢辞書を借りましたか。
   B: いいえ、まだです。
   A: 昨日借りに行かなかったんですか。
   B: いいえ。行きましたが。
   A: じゃ、どうして借りなかったんですか。
   B: 図書館の辞書は貸し出し禁止になっているからです。
   A: ああ、そうなんですか。
      a. 辞書を借りました。
      b. 辞書を借りに行きました。
      c. 図書館の辞書は貸し出し禁止なので、借りに行きませんでした。
      d. 辞書を借りに行きましたが、借りることができませんでした。

2. A：さあ、終わった。やっと帰ることができるね。
   B：私たち、最後だから、鍵をかけなくちゃ。
   A：うん。鍵を事務所でもらうんだね。
   B：ええ。でも、机の上を片付けてから、もらいに行きましょう。
   A：掃除はどうする？
   B：明日、私がやるから、いいわよ。
   a. 二人は片付けて掃除をします。
   b. 二人は掃除をして、鍵をかけます。
   c. 二人は鍵をもらって掃除をします。
   d. 二人は片付けて、鍵をかけます。

3. 男：もしもし、春子さん。ぼくだけど、今何してるの。
   女：え、今？ 今、音楽を聞きながら、ひろしさんに手紙を書いているところよ。
   男：なんだ。ぼくに？
   女：そう。ひろしさんへの手紙よ。ひろしさんは？
   男：ぼくは、会社からいつもの喫茶店に来て、君を待っているところだよ。
   女：今？
   男：そうだよ。もう、20分も待ったんだよ。
   女：ごめんなさい。すっかり忘れてたわ。
   a. 女の人は喫茶店で手紙を書いています。
   b. 女の人はうちでひろしさんに手紙を書いています。
   c. 男の人は会社を出て、喫茶店に来ました。
   d. 男の人は喫茶店で女の電話を待っています。

問題 Ⅲ 正しいのはaですかbですか。例のように答えを選んでください。

例：A：おはよう。
　　B：a おはよう。　b おやすみなさい。　（a）

1. A：あさから頭が痛いんです。
   B：a それはいけませんね。　　　b 大丈夫でしたか。

2. A: 明日から1週間日本に帰ります。
　　B: a それは大変ですね。　　　　　b ご両親によろしく。

3. A: 祖母が亡くなったんです。
　　B: a この度はどうも…　　　　　　b きびしかったですね。

4. A: 何かお探しですか。
　　B: a いいえ。別に、また来ます。　b はい、探しています。

5. A: 今日はごちそうさまでした。
　　B: a いいえ、お粗末さまでした。　b たくさん食べてください。

問題 IV　塾の面接をしています。どの人を採用しますか。

面接官：今から面接を始めます。では、最初に自己紹介をしてください。
田中：田中一郎です。28歳。どうぞよろしくお願いします。
佐藤：佐藤さくらです。31歳です。8年間中学校で英語を教えていました。どうぞよろしくお願いします。
渡辺：渡辺まさるです。国語と理科を教えることができます。どうぞよろしくお願い致します。
面接官：では、田中さん。田中さんはどんな教科を教えることができますか。
田中：私は、英語と社会が得意です。特に歴史が大好きです。
面接官：佐藤さんは車を運転することができますか。
佐藤：いいえ、免許を持っていません。
面接官：そうですか。では、どうやってここまで来ますか。
佐藤：電車で来ます。
面接官：片道いくらかかりますか。
佐藤：えっと、600円です。
面接官：では、渡辺さんはおいくつですか。
渡辺：はい。私は今年の8月で40歳になります。
面接官：あ、田中さんは、車を運転しますか。

田中:はい。ドライブが趣味です。
面接官:わかりました。では、結果は、郵便でお知らせします。ありがとうございました。

■ 答え

問題 I　1. b　2. a　3. c

問題 II

	a	b	c	d
1	×	○	×	○
2	×	×	×	○
3	×	○	○	×

問題 III　1. a　2. b　3. a　4. a　5. a

問題 IV　田中一郎

第 20 課　歩いていきます

問題を聞く前に次の言葉を覚えましょう。

似合う：合适

ポケット：口袋

割る：打碎

ビデオカメラ：摄像机

無理：不可能

コンビニ：便利店

問題 1　次の会話を聞いて、例のように番号を書いてください。

例：女：このケーキは私が作りました。どうぞ。
　　男：ありがとうございます。食べてみます。

1. 女：お誕生日おめでとう。
   男：ありがとう。すぐ開けてみます。

2. 母：このシャツ買ってきたの。似合うかしら。
   子：いい色だね。着てみるよ。

3. 男：このお店カード使えるかな。
   女：どうかな。聞いてみたら？

4. 男：これ僕の兄なんだ。(写真を見せながら)
　　女：かっこいいわね。会ってみたいな。

5. 男：富士山はきれいな山だね。
　　女：そうね。一度登ってみたいわ。

問題 11　次の会話を聞いて、正しい答えを選んでください。

1. A：先生、先日借りた本ですが。
　　B：ああ、どうでしたか。
　　A：実はまだ読み終わっていないんですが。
　　B：そうですか。じゃ、もう一週間でもいいですよ。
　　　a. 学生は本を返しました。
　　　b. 学生は先週本を借りました。
　　　c. 学生は来週本を返します。

2. A：周さん、この映画はもう見ましたか。
　　B：ああ、これ？　まだ見てないですが。
　　A：そうですか。よかったら、今度の日曜日に見に行きませんか。
　　B：ええ、ぜひ。李さんも誘いましょうか。
　　A：そうですね。
　　　a. 周さんはこの映画を見たことがあります。
　　　b. 周さんはこの映画を見たことがありません。
　　　c. 周さんは一人で映画を見に行きます。

3. A：周さん、元気がありませんね。どうかしたんですか。
　　B：ええ。実は大切な財布をなくしたんです。彼女がくれたプレゼントなのに。
　　A：えっ、それは困りましたね。
　　B：たしかにポケットに入れたんですが。
　　A：かばんのほうも探してみたらどうですか。
　　B：でも…あっ、あった。よかった。
　　　a. 財布はポケットにあります。

b. 財布はかばんにあります。
　　　c. 財布はポケットにもかばんにもありません。

4. A：田中さんはふだん何時に起きますか。
　 B：いつも7時ごろです。
　 A：じゃ、何時ごろ家を出ますか。
　 B：7時半ごろには出ますね。
　　　a. 田中さんはちょうど7時半に家を出ます。
　　　b. 田中さんは7時半前後に家を出ます。
　　　c. 田中さんは7時半ごろ起きます。

5. A：周さん、学校へはどう来ますか。
　 B：朝は時間がないから、バスで来ますが、帰りは天気のいい日はうちまで歩きます。
　　　a. 行きも帰りも必ずバスに乗ります。
　　　b. 天気のいい日は行きも帰りも歩きます。
　　　c. 天気の悪い日は行きも帰りもバスに乗ります。

問題 III　例のように書いてください。

例：A：ねえ、すぐ帰りますか。
　　B：いいえ、図書館に行きます。それから、うちへ帰ります。

1. A：いつ旅行に行きますか。
　 B：今は忙しいから、夏休みに入ってからにします。

2. A：今、ちょっといい？
　 B：何？
　 A：ちょっと話したいことがあるの。
　 B：じゃ、机を片付けてからね。

3. A：つよし、まだ寝ているの。遅刻するわよ。
　 B：頭が痛いよ。

A: そう。あら、ほんと、熱があるわ。大丈夫?
B: うん。
A: じゃ、薬を飲んでからゆっくりお休み。

4. A: ビデオカメラ、高いわね。
B: 10万もするの。今回は無理だね。
A: じゃ、もうちょっとお金をためてから買いましょうね。
B: そうしよう。

5. A: もしもし、ゆうちゃん、仕事、まだ終わらないの?
B: うん、もうちょっと。どうして?
A: コンサートのチケットを手に入れたから、一緒に行かない?
B: いいね。すぐ終わるから、ちょっと待ってね。

問題 IV 次の会話を聞いて、内容と合っているものに○をつけてください。

例: 男: どうしたの? 元気ないね。
女: 財布を落としてしまいました。どうしよう。

男: どうしたの? 元気がないけど、何かあった?
女: 聞いてくれる? 今日は大変な1日だったの。
　　朝食の準備をしているときお皿を割ってしまったの。
男: また新しいのを買えばいいじゃないか。
女: 誕生日にもらった大切なお皿だったのよ。時計を見たらもう8時だったから、昼ご飯を買いにコンビニに入ったの。お金を払おうとしたら、財布を忘れちゃったの。
男: じゃあ、今日の昼ご飯はないんだ。
女: ううん。ちょうど、高橋君に会ったからお金を借りたの。助かったわ。
男: へえ。いいこともあったじゃないか。
女: でも、その後先生に電話をかけたんだけど、急いでいたから電話番号を間違えちゃったの。
男: え〜、ちゃんと確認しないといけないよ。

女：だって、とても急いでいたから。で、今日の午後は文法のテストが返ってきたんだけど…
男：何点だった？僕は85点だったよ。
女：私は0点。だからこれから先生の研究室に行かなくちゃ。
男：まだまだ大変だね。頑張れ。

■ 答え

問題 I

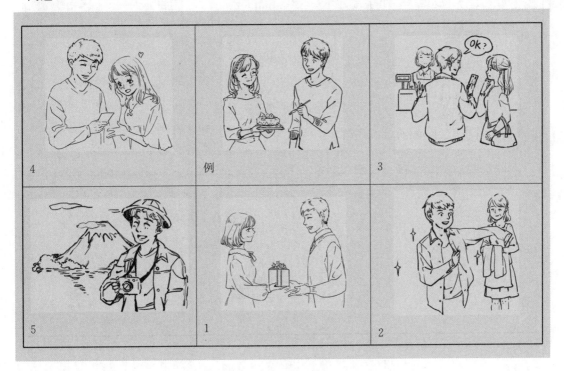

問題 II　1. c　2. b　3. b　4. b　5. c

問題 III　1. 夏休みに入って
　　　　　2. 机を片付けて
　　　　　3. 薬を飲んで
　　　　　4. お金をためて
　　　　　5. 仕事が終わって

問題 IV

コラム4

新紙幣発行

　2024年を目途に、20年ぶりに紙幣が新しくなります。紙幣のデザインが変わるのは、1万円札、5千円札、千円札です。

図柄

種類	表	裏
一万円	渋沢栄一	東京駅
五千円	津田梅子	藤
千円	北里柴三郎	富嶽三十六景

参考：財務省HP

女：お金ってなかなか貯まらないわね。
男：あれ、貯金してるの?
女：してるわよ。年金の額はどんどん減っていくと言われているから心配じゃない?
男：そうだね。見て、二千円札。この間、おつりでもらったんだ。
女：本当、珍しいわね。二千円札ってまだ流通してたんだ。
男：2000年に発行されたときはよく見かけたけど、最近はなかなかお目にかからないよね。
女：本当。もう少しよく見せて。大切だから私の財布にしまっておくね。
男：こらこら。

第 21 課　タバコを吸わないでください

問題を聞く前に次の言葉を覚えましょう。

芝生(しばふ)：草坪

ポテトチップ：炸薯片

カプセル：胶囊

ごみ箱(ばこ)：垃圾箱

粉薬(こなぐすり)：药粉

錠剤(じょうざい)：药片

問題 I　次の会話を聞いて、例のように番号を書き入れてください。

例：男：すみません。ここは駐車禁止です。車を止めないでください。駐車場はこの先にありますから。
　　女：どうもすみませんでした。

1. 女：あのー、恐れ入りますが、こちらは禁煙席ですから、タバコをご遠慮ください。
　　男：はっ、あ、すみませんでした。

2. 女：芝生にごみを捨てないでください。ごみはごみばこに捨ててください。
　　男：ごめん、ごめん。

3. 男：お客さん、動物にえさをやらないでください。
　　女：いけなかったんですか。すみませんでした。

4. 男：ちょっと、ちょっと、展示品に触らないでください。
   女：ごめんなさい。

5. 女：ぼうや、芝生の中に入らないで、野球はむこうでやって。
   男：ごめんなさい。

6. 男：あのー、すみませんが、ちょっと気になるんですが、あの、ポテトチップを食べないでくださいませんか。
   女：どうもすみません。気がつかなくて。

7. 女：あなた、ご飯を食べながら新聞を読まないでください。子供がまねをしますから。
   男：ああ、わかった。

問題 II　次の文を聞いて、「ピー」という音の部分の助詞をどちらか選んで○をつけてください。

例：ここ　ピー　、野球をしないでください。
1. ここ　ピー　、泳がないでください。
2. ここ　ピー　、座らないでください。
3. ここ　ピー　、たばこを吸わないでください。
4. ここ　ピー　、写真を撮らないでください。
5. ここ　ピー　、車を止めないでください。

問題 III　例のように動詞を書いてください。

例：（ピンポン）
　　A：どなたですか。
　　B：わたし。
　　A：李さん？　どうぞ。
　　B：鍵がかかっていますから、開けてください。
　　　（かかる・開ける）

1. A：これはどういう意味かなあ。あのー、すみません、辞書を…
   B：辞書ですか。今使っていますから、悪いけど、李さんに借りてください。

2. A：となりの部屋にまだだれかいますか。
   B：いいえ、もうだれも。
   A：じゃ、電気がついていますから、消してください。

3. A：これ、駅で拾った財布ですが。
   B：警察に届けてください。

4. A：遅いですね。
   B：すみません。時計が壊れていましたので…
   A：そうですか。はやく直してください。

5. A：あ、電話がなっている。李さん、電話だよ。
   B：今お風呂だと言ってください。

6. A：何の音？
   B：雨じゃない。
   A：あっ、窓が開いている。閉めてください。
   B：はい。

問題 IV　次の会話を聞いて、薬の正しい飲み方に○や数字を書いてください。

受付：鈴木さ～ん。今日のお薬です。
男：ありがとうございます。
受付：お薬は3種類で、粉薬とカプセルは1日3回、食事の後に飲んでください。食事の前や寝る前に飲まないでください。
男：はい。わかりました。すみません、この食事の間は何ですか。
受付：朝食と昼食の間、昼食と夕食の間です。粉薬は1回1包、カプセルは3個飲んでください。この錠剤は、お腹が痛い時1つ飲んでください。たくさん飲まないでください。
男：わかりました。ありがとうございます。

受付：お薬は3日分です。お大事に。

■ 答え
問題 I

2	6	1
3	4	
5	7	例

問題 II　1. で　2. に　3. で　4. で　5. に

問題 III　1. 使う　借りる　　2. つく　消す　　3. 拾う　届ける
　　　　　4. 壊れる　直す　　5. なる　言う　　6. 開く　閉める

問題 IV　1日3回3日分　食事の後　粉薬1包　カプセル3個　＊錠剤1錠(痛い時)

第22課　大きな声で話してはいけません

問題を聞く前に次の言葉を覚えましょう。

ラケット：球拍　　　　　　　　セルフサービス：自助式
奨学金(しょうがくきん)：奖学金　　　　　　　　用具(ようぐ)：工具
カンニング：作弊　　　　　　　　挨拶(あいさつ)：寒暄

問題 1　例のように番号を書いて、肯定の場合は○、否定の場合は×をつけてください。

例：A：あの、ここの電話を使ってもいいでしょうか。
　　B：ええ、使ってください。（○）

1. A：すみません。このラケットを借りてもいいですか。
　　B：ええ、どうぞ。そこのノートにクラスと名前を書いてください。

2. A：こちらのマンションでは犬を飼ってもいいですか。
　　B：同じペットでも、猫はいいですが、犬は困ります。

3. A：先生、作文は鉛筆を使ってもいいですか。
　　B：それはだめです。ボールペンか万年筆を使って書きなさい。

4. A: 悪いですけど、先に帰ってもいいですか。
   B: ええ、お先にどうぞ。

5. A: 純子さんも行きたいと言っていますが、一緒に行ってもいいですか。
   B: 今度はちょっと…

6. A: 今日は燃えないごみを出してもいいでしょうか。
   B: 今日は水曜日でしょう。水曜日は出してはいけないのよ。木曜日に出してください。

7. A: タバコを吸ってもいいですか。
   B: いいえ、吸ってはいけません。

問題 II　例のように正しい答えを選んでください。

例: A: まだこの薬を飲まなければなりませんか。
    B: もう熱がありませんから、＿＿＿＿
      ⓐ. 飲まなくてもいいです。
      b. 飲まなければなりません。

1. A: 明日、会社へ行きますか。
   B: 明日は土曜日ですから、会社へ＿＿＿＿
     a. 行かなければなりません。
     b. 行かなくてもいいです。

2. A: 食事の後、お皿は片付けなくてもいいですか。
   B: いいえ。ここはセルフサービスですから、自分で＿＿＿＿
     a. 片付けなければなりません。
     b. 片付けなくてもいいです。

3. A: 日本は物価が高いですね。アルバイトをしなければなりませんか。

B：ええ。物価が本当に高い。でも、奨学金がありますから、アルバイトを＿＿＿＿
　　a. しなければなりません。
　　b. しなくてもいいです。

4. A：今度の筆記試験を受けなければなりませんか。
　　B：レポートを出さなかった人は今度の試験を＿＿＿＿
　　　　a. 受けなければなりません。
　　　　b. 受けなくてもいいです。

5. A：今晩、ここに泊まってもいいですか。
　　B：いいえ。お母さんが心配しますから、＿＿＿＿
　　　　a. 帰らなければなりません。
　　　　b. 帰らなくてもいいです。

6. A：今週お金を払わなければなりませんか。
　　B：いいえ。締め切りは来週だから、今週＿＿＿＿
　　　　a. 払わなければなりません。
　　　　b. 払わなくてもいいです。

問題 III してもいいこと、してはいけないことは何ですか。次の会話を聞いて、例のように書いてください。

例：先生：今からテストを始めます。机の上には筆記用具だけを出してください。
　　学生：先生、ふでばこは？
　　先生：いいえ、ふでばこも鞄の中にしまってください。

1. 先生：では、テストを始めましょう。カンニングをしてはいけません。答えは自分で考えましょう。
　　学生達：はい、わかりました！

2. 子：お母さん、来週の授業参観には来るの？
　　母：ええ。行くつもりよ。ちゃんと先生の話を聞いてね。
　　子：うん。わかった。

3. 母：あら、今から遊びに行くの？ もう宿題終わった？
   子：宿題は今日はないよ。
   母：そう、珍しいわね。

4. 上司：来週月曜日は13時から会議があります。
   部下：課長、月曜日は東京へ出張なんですが。
   上司：そうですか。わかりました。では帰ったら報告書を提出してください。

5. 先輩：最近、学校内で先生や先輩に会っても挨拶をしない人がいます。
   後輩：えっ？
   先輩：挨拶は、基本的なマナーですから大切にしてください。

問題 IV　次の会話を聞いて例のように箸の名前を書いてください。

母：こら、箸の使い方がおかしいですよ。
子：え〜。お母さんのご飯は美味しいから、それでいいでしょう。
母：だめです。箸のマナーは大切です。まず、箸を噛んではいけません。「噛み箸」と言います。
　　今から、箸のマナーを教えます。しっかり勉強してくださいね。まず、箸をアイスクリームのようになめてはいけません。「ねぶり箸」です。そして、箸で人を指してはいけません。「指し箸」です。
子：「指し箸」は、箸で食べ物を刺すことでしょう？
母：そうよ。それも「指し箸」よ。それから、食べ物の上をどれを食べるか迷ってはいけません。「迷い箸」です。それから、食べ物を箸から箸へ移してはいけません。「移し箸」と言います。そして、箸からみそ汁など汁をぽたぽた落としてはいけません。「涙箸」です。「寄せばし」もいけません。食べ物を箸で自分の方に寄せてはいけません。他には「立てばし」です。ご飯の上に箸を立ててはいけません。
子：はあ。たくさん箸のマナーがありますね。手で食べたほうがいいです。

■ 答え

問題 I

	例/〇	7/×
2/×	6/×	3/×
1/〇	4/〇	5/×

問題 II　1. b　2. a　3. b　4. a　5. a　6. b

問題 III
1.　　カンニングをし　　てもいいです/てはいけません。
2.　　先生の話を聞か　　てもいいです/なければなりません。
3.　　宿題をしなく　　てもいいです/てはいけません。
4.　　会議に出席しなく　　てもいいです/なければなりません。
5.　　先生や先輩に挨拶をし　　てもいいです/なければなりません。

問題 IV

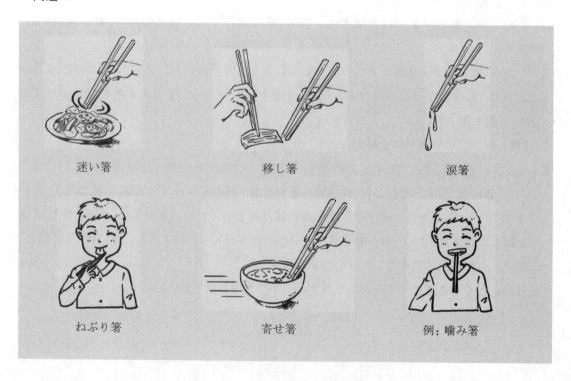

第22課　大きな声で話してはいけません

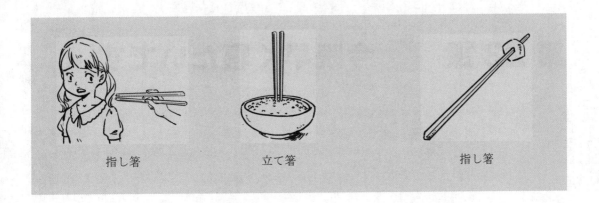

指し箸　　　　　　　立て箸　　　　　　　指し箸

第 23 課　　今晩早く寝たいです

問題を聞く前に次の言葉を覚えましょう。

自信(じしん)：自信

渇く(かわく)：口渴

キャビンアテンダント：空中乘务员

デート：约会

短冊(たんざく)：长条纸

得意(とくい)：拿手

問題 1　　例のように番号を書いてください。

例：A：王さん、今晩カラオケに行きましょう。
　　B：カラオケ？今晩ですか。それはちょっと。
　　A：どうしたんですか。
　　B：午後、洗濯と掃除をして、疲れました。今晩は早く寝たいです。

1. A：試験も終ったので、どこかへ遊びに出かけましょう。映画はどう？
　　B：いいですね。日本の映画が見たいです。
　　A：アメリカの映画はだめですか。
　　B：日本語を習っているから、勉強になると思いますが。

2. A：いつ日本に来ましたか。
　　B：今年の三月。もう半年以上経ちました。

A：速いですね。夏休みには帰りませんでしたか。
   B：ええ。お正月に帰国したいです。

3. A：マリさんに会いましたか。
   B：ええ。さっき会いましたけど。何か。
   A：きれいなワンピースを着ていたでしょう。
   B：あ、そうでしたね。私もあんなワンピースを買いたいです。

4. A：ひろし君、今年高校何年生?
   B：三年です。
   A：そうですか。もうすぐ大学受験ですね。希望は?
   B：自信はないんですけど、京都大学に入りたいです。

5. A：もうこんな時間ですか。お腹がすいちゃった。
   B：この辺、店が多いから、食べに行きましょう。
   A：どこがいいかなあ。中華料理はどう。
   B：昨日も中華料理だったから。さしみが食べたいなあ。

問題 II　例のように正しい答えを選んでください。

例：女：私たち、冬休みにスキーに行くつもりですが、李さんも一緒に行きませんか。
　　男：ぼくは、寒い所はあまり好きではありません。
　　女：そうですか。
　　　a. 男の人はスキーに行きたいです。
　　　b. 男の人はスキーに行きたくないです。　　（b）

1. 女：おはようございます。今日は早いですね。何時に来ましたか。
   男：7時に来ました。アメリカにいる友達にメールを送りたいと思って、いつもより一時間早く来ました。
   女：あ、そうなんですか。
   　　a. 7時は家を出た時間です。
   　　b. 7時は会社に着いた時間です。

2. 女：ねえ、明日の日曜日、何をしたいですか。
   男：したいことはいろいろありますよ。テニスと買い物と、それから、…
   女：それからデートと。
   男：まあ、そうだね。それから、…
   女：それから勉強と。
   男：あ、それはちょっと。
   　　a. 男の人がしたくないことはデートです。
   　　b. 男の人がしたくないことは勉強です。

3. 女：大学で何を勉強するんですか。
   男：はじめは工学部に進むつもりだったんですけど、数学がむずかしくて…
   女：それで…
   男：それで、経営学部に変えたいと思っているんですけど。
   女：まだ決めていないんですか。
   男：ええ。両親と相談して決めるつもりです。
   　　a. 男の人は理科系から文科系に変えるつもりです。
   　　b. 男の人は文科系から理科系に変えるつもりです。

4. 男：のどがかわきましたね。何か飲みませんか。
   女：ええ。冷たいものを買ってきます。
   　　どうぞ、ウーロン茶。冷たいのよ。
   男：あれ？ビールじゃないんですか。
   女：ありますけど、車でしょう。
   　　a. 男の人が結局飲んだのはビールです。
   　　b. 男の人が結局飲んだのはウーロン茶です。

問題 III 次の会話を聞いて短冊に願い事と学生の名前を書いてください。縦書きです。

先生：今日は、七夕の日です。みんな短冊に願い事を書きましたか。
学生たち：は～い。
先生：あら。短冊に願い事を書いていない人がいますよ。この「英語検定1級に合格したいです」は誰のですか。

鈴木：あ、僕のです。鈴木です。
先生：鈴木君のですか。じゃ、この「大きいテレビがほしいです」は誰の短冊ですか。
田中：それは、上村さんのです。上村さんはいつもテレビをほしがっていましたから。
先生：そうですか。それから、「キャビンアテンダントになりたいです」を書いたのは誰ですか。
渡辺：先生、私です。
先生：あ～。渡辺さんですね。あとは…、「新しい洗濯機がほしいです」は誰が書きましたか。
佐藤：僕です。母がいつも新しい洗濯機をほしがっていますから。

問題 IV　男の人はしたいですか、したくないですか。次の会話を聞いて、例のように書いてください。

例：男：すみません。両替をお願いします。
　　女：はい。いくらなさいますか。
　　男：3000元お願いします。

1. 男：明日、スピーチ大会だよね。
　 女：うん。楽しみだね。
　 男：すごいなあ。僕は緊張するから心配だよ。中止にならないかな。
　 女：大丈夫よ。たくさん練習したじゃない。

2. 女：今、料理教室に行ってるの。
　 男：いいね。料理は楽しいよね。
　 女：えっ？ 料理好きなの？
　 男：うん。母が働いてたから、家事は毎日僕がやってたから得意だよ。

3. 男：あっ、もう5時か。終業時間だな。
　 女：本当だ。今日は、ショッピングして帰ろう。どうしたの。元気ないね。
　 男：昨夜、妻とけんかしたんだよ。今日は残業しようかな。
　 女：奥さん、まだ怒ってるの？

4. 男：昨日、おいしいレストランを見つけたんだ。

女：そう。今度連れて行ってよ。

男：秘密だよ。僕一人で行きたいんだ。

女：えー。私たちに隠し事はないでしょう。

■ 答え

問題 I

4	2	1
例	3	5

問題 II　1. b　2. b　3. a　4. b

問題 III

| 新しい洗濯機がほーいです。さとう（母） | 大きいテレビがほーいです。うえむら | 英語検定／級に合格ーたいです。すずき | キャビンアテンダントになりたいです。わたなべ |

問題 IV　1. ___スピーチ大会に___　出たい／出たくない　です。

　　　　2. ___料理を___　　　　　したい／したくない　です。

　　　　3. ___家へ___　　　　　　帰りたい／帰りたくない　です。

　　　　4. ___いいレストランを___　教えたい／教えたくない　です。

第24課　歌ったり踊ったりします

問題を聞く前に次の言葉を覚えましょう。

ゴール：终点　　　　　　　　ボーナス：奖金
ヨット：赛艇　　　　　　　　ダンボール：纸板箱
どうりょう
同僚：同事　　　　　　　　　意地悪：心眼坏
はか　　　　　　　　　　　　うす
墓：墓　　　　　　　　　　　臼：臼，磨

問題 1　次の会話を聞いて、内容と合っている絵に○を付けてください。

1. A：お宅、確か犬がいるわね。
   B：いるよ。さっきここにいたのに。「キキー、キキー」
   A：あっ、あそこにいるね。部屋に入ったところよ。

2. 男：おーい、コーヒーをくれないかい。
   女：まだ描いているの。もう、ご飯の時間よ。
   男：いま、できたところだよ。自分でもすばらしいと思うよ。

3. A：がんばれ！ がんばれ！
   B：健ちゃんはどこ？
   A：一番前の子よ。ほら、今ゴールに入るところよ。

4. (電話のベル)
   女：もしもし、田中ですが。
   男：良子さん、今何をしているの。
   女：ご飯を食べるところですけど。
   男：よかった。間に合った。
   女：何か。
   男：一緒に食事をしようよ。鈴木さんが家に来ているんだよ。待っているから、早く来て。

問題 11　次の会話を聞いて、正しい答えを選んでください。

1. 男：子供のときの写真?
   女：そう。みんなで動物園に行った時よ。
   男：これ、おねえさん? 変わっていないな。えーと、きみは、これかな。
   女：それはゆみちゃん。いやね。自分の妻が分らないなんて。これよ。
   [男の人はだれですか]
   a. 女の人の友達
   b. 女の人の弟
   c. 女の人の夫

2. 男：どう、この服。ちょっと大きいけど。
   女：いいんじゃない。でも、値段が高いんでしょ。
   男：まあね。でも、ボーナスも入ったことだし。あれ? 今朝、このポケットに入れたはずなんだけど。
   女：買わないの。
   男：買いたいけど、買うことができないんだ。
   [男の人はどうして買いませんか]
   a. 財布を忘れたから
   b. 大きいから
   c. 値段が高いから

3. 男：海へ行ったんだね。

女：ええ。とっても楽しかったわ。ヨットに乗ったり、泳いだりして。その写真、私が撮ったのよ。

男：遠くのヨットがいいね。海岸で遊んでいる人たちは会社の同僚?

女：いいえ。ボール遊びをしている人は私のいとこで、立っているのは弟の健よ。健には会ったことがあるでしょ。

男：あ、そう。健ちゃんね。大きくなったね。坐っている人はご両親だろう。きみはお母さんによく似ているね。

[今見ている写真はどれですか。]

a. 海岸で遊んでいる家族の写真
b. 船に乗っている家族の写真
c. 海で泳いでいる家族の写真

4. A：おはようございます。

B：おはようございます。ずいぶん大きな箱ですね。

A：ええ。昨日、荷物が届いて、今やっと片付けたところです。

B：それは大変ですね。

A：それで、ダンボール箱が三つもあるんですが、これ、ごみ置き場に出してもいいですか。

B：そうですね。ごみ置き場は狭いから、ごみの収集日まで裏に置いてください。

A：はい。分りました。

[ダンボール箱をごみ置き場に出さなかったのはなぜですか。]

a. ごみ置き場は遠いから
b. ごみ置き場は狭いから
c. ごみの収集日を知らないから

問題 III　会話を聞いて、次の表を完成させてください。

例：張：佐藤さんは、休みの日は何をしているんですか。

　　佐藤：そうですね、出かけるのが好きで、映画を見たり、買い物をしたりします。

　　張：そうですか。いいですね。

1. A：あの人、あそこで何をしているんでしょうか。

B：え？どの人ですか。
　　A：あの男の人です。何度も同じ道を行ったり来たりしています。怪しいですね。

2. A：先日、面白い映画を見たんです。
　　B：どんな映画ですか。
　　A：インドの映画なんですが、男性も女性も子どもも踊ったり、歌ったりして見ていると楽しくなります。
　　B：そうですか。私はまだ見たことがないので、一度見てみたいです。

3. A：どうしたんですか。機嫌が悪いですね。
　　B：映画館のマナーが悪い人が多いんです。
　　A：何があったんですか。
　　B：隣の人と話したり、前の人の椅子を蹴ったりするんです。
　　A：それはよくないですね。

4. A：来週、ディズニーランドに行くんです。楽しみだな。
　　B：えー、いいですね。うらやましい。
　　A：ミッキーと写真を撮ったり、パレードを見たりするつもりです。
　　B：いいなあ。ミッキーと写真を撮ったら、見せてくださいね。

問題 IV　次の話を聞いて、正しい順番に番号を書いてください。

　　むかしむかし、あるところにやさしいおじいさんとおばあさんが住んでいました。二人は、シロという犬をとても可愛がっていました。ある日、畑でシロが「おじいさんここを掘ってください。ワンワン。」と言いました。おじいさんが掘ると、お金がたくさん出てきました。
　　隣の意地悪なおじいさんとおばあさんがそれを見ていました。二人は「シロを貸してください」と言って連れて行きました。「シロ、お金はどこにありますか。教えてください。」と言いました。シロは、「おじいさんここを掘ってください。ワンワン」と言いました。意地悪なおじいさんはそこを掘りました。でも、穴からたくさんごみが出てきました。二人は怒って、蹴ったりなぐったりしてシロを殺しました。
　　やさしいおじいさんとおばあさんは泣きながら、シロの墓を作って、その上に木を植えました。その夜、おじいさんの夢の中でシロが出てきて言いました。「おじいさん、私のお墓の上

の木で臼を作ってください。」と言いました。おじいさんは木で臼を作って餅を作りました。すると、臼の中からお金がたくさん出てきました。

　隣の意地悪なおじいさんとおばあさんがそれを見ていました。意地悪なおじいさんとおばあさんは「臼を貸してください。」と言いました。そして、臼で餅を作りましたが、臼の中からたくさん石が出てきました。二人は怒って、臼を焼きました。

　やさしいおじいさんとおばあさんは泣きました。その日の夜、おじいさんの夢の中にシロが出てきて言いました。「おじいさん、臼の灰を集めて枯れ木にまいてください。」

　次の日の夜、おじいさんは枯れ木に灰をまきました。すると、枯れ木にたくさんきれいな桜が咲きました。

■ 答え

問題Ⅰ　1. b　　2. c　　3. a　　4. a

問題Ⅱ　1. c　　2. a　　3. a　　4. b

問題Ⅲ

話題	例: 休みの日	知らない男の人	インド映画	映画館のマナー	ディズニーランド
すること	<u>映画を見たり、買い物をしたり</u>します。	<u>行ったり、来たり</u>しています。	<u>踊ったり、歌ったり</u>しています。	<u>隣の人と話したり、前の人の椅子を蹴ったり</u>します。	<u>ミッキーと写真を撮ったり、パレードを見たり</u>します。

問題Ⅳ　7→2→5→3→4→6→1

コラム5

魯迅の手紙1億円

男：このかばん、インターネットオークションで買ったんだ。いいだろう？

女：オークションって何？

男：競売のことだよ。美術品などを出品して、一番高い値段を付けた人が、それを買う権利をもらうことができるんだ。魯迅を知っているよね。

女：ええ、もちろん。魯迅がどうしたの？

男：北京のオークションで魯迅の手紙が655万5000元(約1億500万円)で売却されたんだって。

女：それはすごいわね。でも、その手紙はどんな内容だったの？

男：魯迅は日本に留学したことがあるんだけど、日本語学習について、「日本語を勉強して、小説を読むことができるようになるために必要な時間と労力は、ヨーロッパの文字を勉強するのと同じくらい大変だよ。」と書いてあったんだって。

女：同じ漢字を使う国でも、大変さは同じということね。

参考：日本経済新聞・朝刊　2013.11.22

第25課　はやく帰ったほうがいいです

> 問題を聞く前に次の言葉を覚えましょう。

当番(とうばん)：值日
薄着(うすぎ)：穿得少
懐(ふところ)：怀里

吐き気(はきけ)：恶心、想要呕吐
年上(としうえ)：岁数大
ホームステイ：寄宿

問題 I　例のように会話と合っている絵を選んでください。

例：女：さっきから咳がひどいですね。熱はありませんか。
　　男：ないと思いますが。
　　女：やはり病院に行ったほうがいいですよ。

1. 女：何かお探しですか。
　　男：僕の時計、ここにもないなあ。どこにいったかな。
　　女：当番の李さんが机を片付けたんですから、彼に聞いてみたらどうですか。

2. 男：あれ、財布がない。
　　女：どこかに忘れたんですか。
　　男：さあ…
　　女：もう一度探したほうがいいですよ。

3. 男：あれ、68キロ？3キロも増えた。ご飯の量を減らさなくちゃ。
   女：それより少し運動したほうがいいですよ。

4. 男：あーあ、疲れた。ゆうべ遅かったから。
   女：今朝も早かったし、少し休んだほうがいいですよ。

5. 男：えっ、70点。
   女：そんなに悪くはないわね。
   男：語学と数学、両方合わせて70点だよ。
   女：それはたいへん。もっと勉強したほうがいいですよ。

6. 男：あれ、ずいぶん道がこんでいますね。飛行機に乗り遅れちゃう。
   女：それは困るわあ。車で行くのをやめて、ちょっと不便だけど、電車で行ったほうがいいですよ。

問題 11　相手のアドバイスを聞き入れたかどうか、例のように選んでください。

例：女：顔色が悪いですね。
　　男：ええ、ちょっと吐き気がします。
　　女：じゃ、何も食べないほうがいいですね。
　　男：はい、そうします。

1. 男：寒いですから、窓を閉めてくれませんか。
   女：そうですか。風邪をひいてはいけませんね。薄着はやめたほうがいいです。
   男：はーい。

2. 男：目が疲れました。頭も痛いです。
   女：朝から夜おそくまでパソコンを使っているから。それをやめたらすぐ治りますわよ。
   男：これ、この二、三日のうちに出さなければならないから、仕方がありませんよ。

3. 女：まだ雨が降っていますか。

第25課　はやく帰ったほうがいいです　111

　　男：ええ。風も強いですよ。えっ、自転車で出かけるんですか。
　　女：ええ、そうですけど。やっぱり、自転車は無理ですか。
　　男：そうですね。やめたほうがいいと思いますが。
　　女：そうですか。でも、こっちのほうが速いから。

4. 男：給料日はまだか。懐がさびしいなあ。
　　女：いつも外で食べるから。それをやめたら。
　　男：自分でつくるのはどうもいやなんだ。でも、しかたがないか。

問題 III 　会話を聞いて、例のように書いてください。

例：A：どうしたんですか。
　　B：転んで足をけがしてしまったんです。
　　A：わっ、切れてますよ。**病院へ行きましょう**。

1. A：レポートはもう出しましたか？
　　B：いいえ、まだですよ。締め切りは明日でしょう？
　　A：えっ、今日の3時までですよ。
　　B：大変！先生は今どこでしょう…

2. A：毎日アルバイトで夜帰るのが遅いんです。
　　B：最近、疲れていますね。でもこの辺りは夜暗いから注意してくださいね。
　　A：そうですね。友達と一緒に帰ります。

3. A：私の父は70歳なんですが、まだ車の運転をしています。
　　B：そうですか。お元気ですね。でも高齢者の運転は危険ですよ。
　　A：そうですね。私もちょっと心配です。

4. A：私の彼氏は5歳年上なんです。
　　B：そうですか。いいですね。僕はお姉さんみたいな彼女がいいな。
　　A：甘えん坊なんですね。

5. A：レポートで何を書いたらいいかわからないんです。
   B：自分で調べてみましたか。
   A：いいえ、まだです。
   B：それはだめですよ。

6. A：今日から夏休みだ！旅行に行こうかな。
   B：宿題はどうするの？たくさんあるでしょう。
   A：旅行から帰ってやるから大丈夫ですよ。
   B：そう言っていつもやってないじゃないですか。

問題 IV 次の話を聞いてください。先生はどんなアドバイスをしましたか。○か×を書いてください。

先生：日本の生活に慣れましたか。
学生：はい。でも、まだ慣れないことがあります。日本人の友達がまだいません。どうしたらいいですか。
先生：そうですね。日本の学校には、クラブやサークルがたくさんありますから、何かクラブやサークルに入ったほうがいいですよ。
学生：それから、授業中、とても眠いんです。
先生：それはいけませんね。毎晩何時に寝ますか。テレビを見たりゲームをしたりしないで、早く寝たほうがいいですよ。
学生：すみません。気を付けます。それから…ホームステイのお母さんの料理ですが、ときどき嫌いなものが出るんです。
先生：そうですか。じゃあ、一度お母さんに相談したほうがいいですよ。色々大変だと思いますが、あまり心配しないほうがいいですよ。日本の生活を楽しんでください。
学生：わかりました。先生、ありがとうございます。

■ 答え
問題 I

5	例	3
1		2
4		6

問題 II

	聞き入れました	聞き入れませんでした
例	○	
1	○	
2		○
3		○
4	○	

問題 III　1. 先生を探した
　　　　　2. 一人で歩かない
　　　　　3. 運転をやめた
　　　　　4. (男性は)恋人は年上の
　　　　　5. まず自分で調べた
　　　　　6. 宿題は早く終わらせた

問題 IV　1. ×　2. ○　3. ×　4. ○　5. ○

第 26 課　　安ければ買います

問題を聞く前に次の言葉を覚えましょう。

波(なみ)：波浪

キタキツネ：北狐

頭痛(ずつう)：头痛

苦(くる)しい：痛苦

火傷(やけど)：(かしょう)烧伤

ロッカー：更衣箱

問題 I　次の会話を聞いて、例のように内容と合っている絵を選んでください。

例：A：どこかへ出かけるんですか。
　　B：海へ泳ぎに行きたいです。
　　A：風が強いですよ。
　　B：そうですね。雨が降ってもかまいませんが、波が高ければ、海で泳ぐことができませんね。

1. A：仕事のほうはどうですか。もう慣れましたか。
　　B：ええ。仕事は悪くないですが、給料は安いですよ。
　　A：そうですか。お金がなければ、好きなものも買うことができませんね。

2. A：今度の日曜日、どうするつもりですか。
　　B：午後、友達が来るので、家にいますが。朝、天気がよかったら、散歩に出かけるつも

りです。

3. A: ここで食べましょうか。安いですよ。店もきれいですよ。
   B: いや、料理がおいしくなければ、安くても食べたくありません。

4. A: 王さん、明日休みだから、今晩一杯飲みましょう。
   B: 今日はちょっと頭が痛くて、早く帰りたいです。
   A: そうですか。頭が痛いのなら、飲まない方がいいです。
   B: すみません。

5. A: 大学卒業したら、どうするつもりですか。すぐ就職ですか。
   B: まだよく分りませんが、留学することを考えています。
   A: 留学するつもりなら、今からまじめに外国語を勉強しなさい。

問題 II 録音を聞いて正しい答えを選んでください。

1. この問題は複雑だから、考えても答えることができません。
   a. 考えれば答えることができます。
   b. 考えなくても答えることができます。
   c. どう考えても答えが出ません。

2. これはいい物だから、安くなくても買います。
   a. 安ければ買います。
   b. 高くても買います。
   c. 安くても買いません。

3. いい天気でなければ、散歩に行きません。
   a. 天気がよければ、散歩に行きます。
   b. 天気がよくても、散歩に行きません。
   c. 天気が悪くても、散歩に行きます。

4. 生活が苦しければ、大学に入ることはできません。

a. 生活が苦しくなければ、大学に入ることができます。
b. 生活が苦しくても、大学に入ります。
c. 生活が苦しくなければ、大学に入りません。

5. この薬をずっと続けて飲めば、病気はよくなるでしょう。
   a. この薬を続けて飲まなくても、病気は治ります。
   b. この薬を続けて飲まなければ、病気は治りません。
   c. この薬を飲めば、病気はすぐ治ります。

6. 毎日八時間も寝れば、十分です。
   a. 毎日八時間寝るのは、体によくないです。
   b. 毎日八時間寝なければなりません。
   c. 毎日八時間以上寝なくてもいいです。

7. これは大きい本屋へ行っても買うことができない本です。
   a. この本は珍しい本です。
   b. これはどこにでもある本です。
   c. この本は大きい本屋にしかありません。

8. 保険証を持って病院へ行けば、お金が少ししかかかりません。
   a. 保険証があれば、お金がそんなにかかりません。
   b. 保険証を持って行かなければお金はかかりません。
   c. 保険証がなければ、お金がかかりません。

問題 III 次の会話を聞いて、表を完成してください。

張：来年、家族と一緒に旅行に行きたいと思います。どこがいいですか。田中さん。
田中：へ〜。いいですね、張さん。日本には四季がありますから、いつどこへ行っても楽しいですよ。そうですね、夏に行くなら、北海道がいいです。北海道は梅雨がありませんから、涼しいです。かわいいキタキツネを見ることができますよ。
張：そうですか。じゃ、沖縄はどうですか。
田中：沖縄は、春や冬がいいですよ。夏はとても暑いですから。海がとてもきれいです。で

も、沖縄では水着を着て泳がないほうがいいです。火傷しますから。沖縄の人はTシャツを着て、半ズボンをはいて海で遊びます。

張：え〜。水着を着ないんですか。知りませんでした。私はお寺が好きなんですが、どこがいいでしょうか。

田中：それなら、京都へ行けばいいですよ。奈良もいいですね。古いお寺がたくさんあります。京都は春と秋が観光客が多いです。春は桜、秋はもみじがきれいです。

張：そうですか。わかりました。

田中：東京へは行きませんか。2020年に東京オリンピックがありますよ。東京スカイツリーが有名です。夜になれば、ライトアップを見ることができます。東京はいつ行っても楽しいです。でも、電車は人がとても多いです。

張：色々、ありがとうございます。家族と相談してみます。

問題 IV　男の人はどうすればいいですか。例のようにそのすることを書いてください。

例：男：この機械、どこを押しても動かないんですが…
　　女：そのボタンを押すと動きますよ。
　　男：ああ、これですか。
　　（ボタンを押す）

1. 男：今朝から、頭が痛くて…
   女：頭痛ですか。それじゃ、これを飲めば治りますよ。
   男：薬ですか。
   女：飲まないと治りませんよ。
   男：はい。

2. 女：お客様、ここはグリーン車です。グリーン券がないと…
   男：あ、そうですか。グリーン券はいくら。
   女：ええと、東京ですから、900円です。
   男：はい、はい。900円払えばいいんですね。

3. 男：このロッカー、使ってもいいですか。
   女：ええ、100円入れれば、使うことができます。

男：100円ですか。
女：荷物を出すときにかぎをあけると、100円はもどってきますよ。
男：ああ、そうですか。

4. 男：このシャツ、いくら洗ってもきれいにならないんです。
女：じゃあ、このせっけんを使ってください。この石鹸で洗えば、きっときれいになりますよ。
男：そうですか。これ、使ってもいいですか。

■ 答え

問題 I

5	2	1
例		4	3

問題 II　1. c　2. b　3. a　4. a
　　　　5. b　6. c　7. a　8. a

問題 III

場所	季節	有名なもの・場所	注意点
北海道	夏	キタキツネ	
京都	春・秋	お寺・桜・もみじ	
東京	1年中	東京スカイツリー	人が多い
沖縄	春・冬	海	水着を着て泳がない

問題 IV　1. 薬を飲みます。　　2. 900円払います。
　　　　3. 100円入れます。　4. このせっけんで洗います。

第 27 課　　楽しそうに話しています

> 問題を聞く前に次の言葉を覚えましょう。

旦那（だんな）：丈夫
ジーパン：牛仔裤
笑顔（えがお）：笑脸

ボタン：扣子
ベランダ：阳台
エアコン：空调

問題 I　　次の会話を聞いて、内容と合っている絵を選んでください。

1. A：中西さん、あそこに一人で坐っていますよ。
   B：ええ、さびしそうですね。何があったんでしょうかね。

2. A：あれは暖かそうですね。
   B：ええ、でも、ちょっと見ると暖かそうですが、本当に暖かいかどうか、着てみないと、わかりません。

3. A：あそこ、周さんと彼氏じゃない？
   B：あっ、ほんとうね。いやだ、恥ずかしそうに下を向いているわ。

4. A：見て見て、今年もいっぱい実がなりましたね。
   B：そうですね。ほら、あそこのはもう落ちそうですよ。

5. A: ゆうすけ、ボタンが取れそうよ。
   B: 大丈夫。

6. A: 隣りの旦那さん、怖そうな人ね。
   B: ええ、でも、実際に話してみたら、そうでもないよ。

問題 11 次の会話を聞いて、正しい答えを選んでください。

1. A: 私がほしかったのはこれ、今年はやっているのよ。
   B: へえ。軽そうですね。
   A: デザインもいいでしょう。
   B: ポケットがたくさんあって、便利そうで。
   A: 大きさもちょうどいいし、持ちやすそう。
   B: でも、ジーパンには似合いそうですが、スカートにはちょっと…
   A: そうねえ…
   ［私がほしかったのはどれですか］
   a. シャツ　　　　　b. かばん　　　　　c. 財布

2. A: 広くていい所ですね。
   B: 南向きで暖かそう。ベランダもあって、洗濯にも便利なようですね。
   A: ええ。そして、駅に近いから、通勤通学にも便利でしょう。
   B: でも、近くに駐車場がなさそうね。それがちょっと…
   A: そうですね。
   ［どこのことを言っていますか］
   a. スポーツセンター　　b. オフィスビル　　c. マンション

3. A: 何にしましょうか。
   B: そうですね。結婚祝いですから、あまり安そうなものはだめですね。
   A: 「花より団子」。何か実用的なものが…
   B: あっ、そうだ、あれなんかどうですか。
   A: そうですね。ちょっと重そうですが…
   B: 新しい部屋にはよさそうですよ。

A: あれだけでもきれいで、お花を入れてもいいですよね。
B: ええ。あれにしましょう。
[何をプレゼントしますか]
　a. お花　　　　　　　　b. 花瓶　　　　　　　　c. 時計

問題 III　例のように文を完成させてください。

例: A: あの人の荷物(ピー)ですよ。持ってあげましょうよ。
　　B: そうですね。

1. A: 今年の春は暖かいですね。もうすぐ桜が(ピー)ですよ。
　　B: 本当だ。今年の花見は何をしましょうか。

2. (窓の外を見ながら)
　　A: すごい風。今回の台風はすごいですね。
　　B: 本当。あの人の傘、(ピー)ですよ。

3. (披露宴に出席して)
　　A: わあ、2人ともすごくいい笑顔ですね。
　　B: 本当に(ピー)。私もはやく結婚したいな。

4. A: 今度のプロジェクトのアンケート調査、誰か手伝ってくれないかな。
　　B: そうだ！吉田さんは毎日ごろごろして(ピー)だから、彼にお願いしましょう。

5. A: あ、おいしそうなケーキ、食べてみたいな。
　　B: やめたほうがいいよ。あの女の子(ピー)に食べてるよ。

問題 IV　絵を見ながら質問を聞いてください。矢印(➡)の人は何と言いますか。正しい番号に○をつけてください。

1. 男の人は寒いです。何と言いますか。
　　a 暖かそうですね。エアコンを入れましょうか。

b 忙しそうですね。手伝いましょうか。
　　　c 寒そうですね。上着を貸しましょうか。

2. テスト中です。何と言いますか。
　　　a 見ないでください。
　　　b どうぞ、ごゆっくり。
　　　c 教えてください。

3. 雨が降り出しました。何と言いますか。
　　　a すみませんが、傘を貸してくださいませんか。
　　　b 傘を持って行ったほうがいいですよ。
　　　c 1本いくらですか。

4. 女の子たちが話しています。何と言いますか。
　　　a 電車が来ましたから、早く行ってください。
　　　b 電車が遅れましたから、ゆっくりしてください。
　　　c 電車がありませんから、帰ってください。

5. 友達と映画を見ました。何と言いますか。
　　　a おいしかったですね。
　　　b うれしかったですね。
　　　c おもしろかったですね。

6. 図書館の受付です。何と言いますか。
　　　a 借りてもいいですか。
　　　b 貸してもいいですか。
　　　c 変わってもいいですか。

■ 答え
問題 I

3	6	1
5	2	4

第27課　楽しそうに話しています

問題II　1. b　2. c　3. b

問題III　1. 咲きそう
　　　　2. 飛びそう/破れそう
　　　　3. 幸せそう/うれしそう
　　　　4. 暇そう
　　　　5. まずそう

問題IV　1. c　2. a　3. a　4. a　5. c　6. a

第 28 課　　彼から花をもらいました

問題を聞く前に次の言葉を覚えましょう。

ようふく
洋服：西服

かぐ
家具：家具

さどう
茶道：茶道

こづつみ
小包：包裹

えら
偉い：了不起

つ
連れる：帯領

問題 I　例のように正しい絵に○、違った絵に×をつけてください。

例：周さんは王さんに花をあげます。
1. 私は周さんに辞書をあげます。
2. 田中さんは山田さんに時計をもらいます。
3. 鈴木さんは私にCDをくれます。
4. マリアさんは林さんから中国の切手をもらいます。
5. 父が私に英語の本をくれます。

問題 II　録音を聞いて、例のように「→」を書いてください。

例：A：きれいな花ですね。花屋で買ったんですか。
　　B：いいえ、彼からもらいました。

1. A：おいしそうなお菓子ですね。
   B：マリアさんがくれたんです。

2. A：今日、パソコンを使いますか。
   B：いいえ。でも、田中さんに貸しました。

3. A：コンサート、一緒に行かない?
   B：チケットあるの?
   A：ええ、友達に二枚もらったのよ。

4. A：その小説、おもしろそうね。
   B：ええ、先生に借りたの。読んでみる?

5. 田中：周さんは入学祝いに、王さんからペンをもらったそうですね。
   周：ええ。そうです。

6. A：この間、彼女の誕生日に、ぼくは新しいデザインの洋服をあげたんですよ。
   B：そうですか。田中さんからのプレゼントをもらって、彼女、きっと喜んだでしょう。

問題 III　録音を聞いて、例のように書いてください。

例：田中：陳さんは、アメリカに留学したことがありますよね。今度英語を教えてくれませんか。私は韓国語が少しわかりますから、教えることができますよ。
　　陳：そうですか。いいですよ。じゃ、明日から始めましょう。

1. 陳：この間貸したDVD、まだ返してもらってないんですが…
   田中：あ、そうだった。ごめんなさい。明日持って来ます。

2. 小林：今度引っ越すので、使わない家具があるんだけど、よかったらもらってくれる?
   王：えっ、いいですか。じゃ、今度取りに行きます。

3. 陳：高橋さんは工学部の出身ですよね。パソコンが壊れちゃったんだけど、見てくれない？
   高橋：えっ？ 私はパソコンは苦手で…

4. 田中：あっ、ごめん、王さん。家にスマホを忘れちゃった。取りに行ってくる。
   王：ああ、そう、わかった。じゃ、ここで待ってるね。

5. 梨花：愛さん、髪を切りに行きたいんだけど、どこがいいかな。引っ越したばかりでこの辺のことがわからないの。
   愛：それならいい店を知ってるよ。連れて行ってあげようか。
   梨花：ありがとう。助かる。

問題 IV　会話を聞いてください。学生は先生に何をしてもらいましたか。また、学生たちは先生に何をしてあげますか。

王：来月、先生が結婚します。私たちは先生に色々なことをしてもらいました。張さん、先生のために何かしませんか。
張：そうですね。私は、先生に日本の茶道を教えてもらいました。李さんは？
李：私は、お祭りに連れて行ってもらいました。京都のお祭りはとてもにぎやかでした。私は先生のために、ケーキを作ってあげたいと思います。先生は甘いお菓子が大好きですから。王さんは？
王：私は、先生に日本料理の作り方を教えてもらいましたから、中華料理を作ってあげたいです。張さんはどうします？
張：私は洋服を作るのがすきです。先生にドレスを作ってあげたいです。
王：いいですね。みんなでお祝いしましょう。

■ 答え

問題 I　1. ×　2. ○　3. ○　4. ×　5. ○

問題 II　1. マリアさん → 私　　　2. 田中さん ← 私
　　　　3. 友達 → 私　　　　　　4. 先生 → 私
　　　　5. 周さん ← 王さん　　　6. 彼女 ← 田中

問題 III　1.（　〇　）田中さんは陳さんにDVDを借りました。

2.（　〇　）王さんは小林さんから家具をもらいます。

3.（　×　）高橋さんは陳さんのパソコンを修理してあげました。

4.（　〇　）田中さんは家にスマホを取りに帰ります。

5.（　〇　）梨花さんは愛さんにいい美容院を紹介してもらいます。

問題 IV

名前	学生→先生	先生→学生
王	中華料理	日本料理の作り方
張	ドレス	茶道
李	ケーキ	京都のお祭り

コラム6

史上最年少プロ棋士

参考:「月刊　囲碁ワールド」日本棋院　2019.3

男：1月5日は何の日か知ってる?

女：何だろう。お正月は終わったし、七草粥も食べちゃったし、なあに?

男：1は「い」、5は「ご」だろう。だから、「囲碁の日」なんだ。

女：へー、そういえばニュースで言ってたけど、小学生の女の子がプロ棋士なったんだって。

男：そうなんだよ。まだ9歳なのにすごいよ。3歳から囲碁を始めて、たった6年でもうプロなんだよ。

女：囲碁の世界は競争が激しいと言うけど、才能があるのね。

男：8歳の時には韓国の棋院でも研究生になったというから、日本だけじゃなくて、世界でも活躍しているんだ。だけど、好きな食べ物が焼肉とキムチチゲっていうのは、ちょっと微笑ましいね。

女：ほんとう。あー、焼肉食べたくなっちゃった。

男：えっ!　興味があるのはそっちなの?

付録　単語索引

【あ】

あいさつ	挨拶	寒暄语	22
アイスクリーム		冰淇淋	コラム1
あいだ	間	中间	11
アィロン		熨斗	15
あう	会う	见面	13
あかい	赤い	红色	12
あかるい	明るい	明亮的	17
あき	秋	秋天	16
あく	開く	打开	21
あける	開ける	打开	20
あさ	朝	早上	6
あさって	明後日	后天	8
アジア		亚洲	16
あし	足	脚	12
あした	明日	明天	5
あそぶ	遊ぶ	玩	13
あたたかい	暖かい	暖和的	14
あたためる	温める	加热	15
あたま	頭	头	15
あたらしい	新しい	新的	12
あたり	辺り	周边	25

あつい	暑い	热的	12
あつまる	集まる	集合	コラム3
あつめる	集める	集合	コラム3
あと	後	以后	6
あな	穴	洞	24
あに	兄	哥哥	16
アニメ		动画片	8
アプリ		应用软件	コラム2
あまい	甘い	甜的	28
あまえんぼう	甘えん坊	撒娇的孩子	25
あめ	雨	雨	21
アメリカ		美国	15
あらう	洗う	洗	17
あるく	歩く	步行	14
アルバイト		打工	15
あわせる	合わせる	结合	25
アンケートちょうさ	アンケート調査	问卷调查	27

【い】

いい		好的	12
いえ	家	家	11
いく	行く	去	10
いくら		多少钱	7
いけ	池	水池	11
いご	囲碁	围棋	コラム6
いしうす	石臼	石臼	コラム1
いじわる	意地悪	坏心眼	24
いす	椅子	椅子	9
いそがしい	忙しい	忙的	14
いそぐ	急ぐ	赶紧,匆忙	5
いたい	痛い	痛的	15

イタリア		意大利	6
いちばん	一番	最；第一	15
いとこ		表(堂)兄妹	24
いなか	田舎	乡下	16
いぬ	犬	狗	9
いま	今	现在	6
いもうと	妹	妹妹	15
いりぐち	入口	入口	18
いれる	入れる	放入	15
いろ	色	颜色	20
いろいろ	色々	各种各样的	コラム2
いわい	祝い	祝贺，贺礼	27
インターネット		互联网	コラム5
インタビュー		采访	18

【う】

ウーロンちゃ	ウーロン茶	乌龙茶	23
うえ	上	上面	10
うえる	植える	种植	24
うかがう	伺う	拜访；询问	23
うける	受ける	接受	22
うごく	動く	动	18
うし	牛	牛	7
うしろ	後ろ	后面	11
うす	臼	臼	24
うすぎ	薄着	衣着单薄	25
うすピンク	薄ピンク	淡粉红	10
うた	歌	歌	15
うたう	歌う	唱歌	15
うち	家	家	14
うつす	移す	移动	22

うみ	海	海	8
うら	裏	背面,后面	24
うらやましい	羨ましい	羡慕	14
うる	売る	卖	19
うれしい	嬉しい	开心	14
うわぎ	上着	上衣	27
うんてん	運転	驾驶	19
うんどうかい	運動会	运动会	18
うんどうぐつ	運動靴	运动鞋	12

【え】

えいが	映画	电影	13
えいご	英語	英语	19
えがお	笑顔	笑脸	27
えき	駅	车站	11
えさ	餌	诱饵	21
えはがき	絵葉書	明信片	7
えらい	偉い	了不起	28
エアコン		空调	27
えんぴつ	鉛筆	铅笔	22
えんりょ	遠慮	顾虑	15

【お】

オークション		拍卖	コラム5
オーストラリア		澳大利亚	14
おいしい	美味しい	好吃	6
おおい	多い	多的	12
おおきい	大きい	大的	12
おおごえ	大声	大声	27

おおさか	大阪	大阪	16
おかあさん	お母さん	妈妈	6
おかし	お菓子	糕点	15
おかしい		奇怪的	22
おかね	お金	钱	22
おきなわ	沖縄	冲绳	18
おきゃくさん	お客さん	客人	22
おきる	起きる	起床	13
おく	奥	里面	23
おく	億	亿	コラム5
おくさま	奥様	太太	17
おくる	送る	寄;送	15
おこる	怒る	生气	22
おさけ	お酒	酒	13
おさめる	収める	收录	コラム3
おさら	お皿	碗碟	20
おしえる	教える	教;告诉	5
おじいさん	お爺さん	爷爷	12
おそれいる	恐れ入る	不好意思	21
おちゃ	お茶	茶	15
おちる	落ちる	掉落	27
おつり		找零	7
おてら	お寺	寺庙	14
おでん		关东煮	13
おと	音	声音	17
おとうさん	お父さん	爸爸	8
おとうと	弟	弟弟	16
おとこ	男	男	8
おとす	落とす	掉落	20
おどる	踊る	跳舞	15
おなか	お腹	肚子	21
おなじ	同じ	相同	6
おにいさん	お兄さん	哥哥	10

おにぎり	お握り	饭团	7
おふろにはいる	お風呂に入る	洗澡	14
まつり	お祭り	祭祀	13
おみやげ	お土産	礼物	14
おもい	重い	重的	12
おもしろい	面白い	有趣的	12
おやじ	親父	父亲,老爸	17
およぐ	泳ぐ	游泳	14
オリンピック		奥林匹克	26
おんがく	音楽	音乐	15
おんがくかい	音楽会	音乐会	18
おんな	女	女	8

【か】

ガーデニング		园艺	18
カード		卡	20
かいがん	海岸	海岸	24
かいしゃいん	会社員	公司职员	8
かいだん	階段	楼梯	22
かいもの	買い物	购物	15
がいらいご	外来語	外来语	15
かいわ	会話	会话	16
かう	飼う	饲养	22
かう	買う	买	12
かえす	返す	归还	15
かえる	帰る	回家	8
かえる	替える	换	23
かえる	返る	返回	20
かお	顔	脸	12
かぎ	鍵	钥匙	19
かく	書く・描く	写;画	19

かぐ	家具	家具	28
かくしごと	隠し事	隐情	23
がくしゅう	学習	学习	コラム5
がくせきばんごう	学籍番号	学号	5
かくにん	確認	确认	20
かさ	傘	伞	11
かしだし	貸し出し	出借	19
かじ	火事	火灾	5
かす	貸す	借出	27
かぜぐすり	風邪薬	感冒药	15
かぜをひく	風邪を引く	感冒	25
かぞく	家族	家人	12
ガソリン		汽油	19
かたづける	片付ける	收拾	19
かたみち	片道	单程	19
かちょう	課長	课长	10
がっこう	学校	学校	6
カット		剪发	17
かつやく	活躍	活跃	コラム6
かのじょ	彼女	她；女友	20
かばん	鞄	包	9
かびん	花瓶	花瓶	12
カフェ		咖啡馆	18
カプセル		胶囊	21
かみがた	髪型	发型	17
かみのけ	髪の毛	头发	12
かむ	噛む	咬	22
カメラ		照相机	11
かようび	火曜日	星期二	8
カラオケ		卡拉OK	14
からだ	体	身体	12
かりる	借りる	借	10
かるい	軽い	轻的	17

かれき	枯れ木	枯枝	24
かれし	彼氏	男友	27
かわいい	可愛い	可爱的	12
かわいがる	可愛がる	疼爱	24
かわく	渇く	渴	23
かわぐつ	革靴	皮鞋	12
かわる	変わる	变化	コラム3
かんけい	関係	关系	コラム3
かんこうきゃく	観光客	观光客	コラム3
かんこくじん	韓国人	韩国人	6
かんごふ	看護婦	护士	11
かんさい	関西	关西	16
かんじ	漢字	汉字	コラム5
かんたん	簡単	简单	15
カンニング		作弊	22
がんばる	頑張る	努力	コラム3

【き】

き	木	树	11
きがつく	気が付く	注意	21
きく	聞く	听；问	13
きけん	危険	危险	25
きげん	機嫌	心情	24
きこう	気候	气候	14
きこえる	聞こえる	听见	15
きこく	帰国	回国	23
きし	岸	岸边	6
きそく	規則	规则	10
ギター		吉他	15
キタキツネ		北狐	26
きたない	汚い	脏的	12

きっさてん	喫茶店	咖啡馆	11
きねんび	記念日	纪念日	8
きのう	昨日	昨天	8
きびしい	厳しい	严格	15
きみ	君	你	19
キムチチゲ		辣白菜火锅	コラム 6
きもち	気持ち	心情	コラム 3
キャビンアテンダント		乘务员	23
ぎゅうにく	牛肉	牛肉	16
ぎゅうにゅう	牛乳	牛奶	7
きゅうりょうび	給料日	发薪日	25
きょうかしょ	教科書	教科书	10
きょうそう	競争	竞争	コラム 6
きょうだい	兄弟	兄弟姐妹	16
きょうと	京都	京都	14
きょうばい	競売	拍卖	コラム 5
きょうみ	興味	兴趣	コラム 6
きらい	嫌い	讨厌	16
きる	切る	剪,切	15
きれい	綺麗	漂亮	9
キロ		公斤	25
キロク	記録	记录	コラム 2
きんえんせき	禁煙席	禁烟席	21
ぎんこう	銀行	银行	13
きんし	禁止	禁止	19
きんちょう	緊張	紧张	23
きんようび	金曜日	星期五	8

【く】

ぐあい	具合	情况	15
くずかご	屑篭	垃圾桶	21

くつ	靴	鞋子	11
くつや	靴屋	鞋店	11
くに	国	国家	6
くび	首	脖子	12
くま	熊	熊	12
クラシック		古典音乐	16
クラスかい	クラス会	班会	16
クラブ		俱乐部	25
グリーン		绿色	16
クリスマス		圣诞节	14
くる	来る	来	5
くるしい	苦しい	痛苦的	26
くるま	車	车	17
クレジットカード		信用卡	コラム2
くろい	黒い	黑色的	12

【け】

ケーキ		蛋糕	7
ケース		盒子	15
ゲーム		游戏	13
けいえいがくぶ	経営学部	经营系	23
けいさつかん	警察官	警察	14
けいたいでんわ	携帯電話	手机	9
げいのう	芸能	技艺	コラム1
けが	怪我	受伤	25
けさ	今朝	今天早上	13
けしごむ	消しゴム	橡皮	7
けす	消す	关	18
けっか	結果	结果	17
けっきょく	結局	结局	23
けっこう	結構	非常	18

けっこう	欠航	停航	18
けっこん	結婚	结婚	18
けっさい	決済	结算	コラム2
げつようび	月曜日	星期一	8
ける	蹴る	踢	24
けんか	喧嘩	吵架	17
けんがく	見学	参观	コラム1
げんき	元気	精神	12
けんきゅうしつ	研究室	研究室	20
げんごう	元号	年号	コラム3
けんてい	検定	鉴定	23
けんり	権利	权利	コラム5

【こ】

こい	濃い	浓的	コラム1
コインランドリー		投币式自动洗衣店	15
こうがくぶ	工学部	工科	23
こうこうせい	高校生	高中生	8
こうし	子牛	小牛	7
ごしゅういん	御朱印	朱印	コラム3
こうそうビル	高層ビル	高楼大厦	16
こうりゅうかい	交流会	交流会	18
こうれいしゃ	高齢者	老年人	25
コーヒー		咖啡	7
ゴール		到达终点	24
ゴールデンウィーク		黄金周	10
こくご	国語	国语	19
こたえる	答える	回答	26
ことし	今年	今年	10
ことば	言葉	语言	18
こども	子供	孩子	21

こなぐすり	粉薬	药粉	21
こまる	困る	为难	16
こむ	込む	拥挤	25
ごろごろ		闲着无事	27
ころす	殺す	杀死	24
こわい	怖い	可怕	27
こわれる	壊れる	弄坏	21
こんげつ	今月	这个月	10
コンサート		音乐会	18
こんしゅう	今週	本周	16
こんど	今度	这次；下次	8
こんばん	今晩	今晚	13
コンビニ		便利店	16
コンピューター		电脑	8
ごがく	語学	语言学	25
ごご	午後	下午	6
ごぜん	午前	上午	6
ごみ		垃圾	21
ごみおきば	ごみ置き場	垃圾站	24
ころぶ	転ぶ	跌倒	25
こわれる	壊れる	弄坏	15

【さ】

サークル		社团	25
さいご	最後	最后	10
さいしょ	最初	最初	19
さいじつ	祭日	传统节日	8
さいのう	才能	才能	コラム6
さいふ	財布	钱包	コラム2
さいよう	採用	录用	19
さかなや	魚屋	鱼店	11

さがす	探す	寻找	19
さがる	下がる	下降	13
さき	先	先	15
さく	咲く	开花	24
さくぶん	作文	作文	22
さくら	桜	樱花	5
ささやき		低声细语	6
さしみ	刺身	生鱼片	23
さす	刺す・指す	刺；指	22
さそう	誘う	邀请	20
さつ	札	纸币	コラム4
サッカー		足球	8
さっき		刚才	23
さどう	茶道	茶道	28
さびしい	寂しい	寂寞	25
さむい	寒い	寒冷	12
さらさら		潺潺	6
さる	猿	猴子	9
さわる	触る	触摸	21
さんかん	参観	参观	22
ざんぎょう	残業	加班	19
ざんねん	残念	遗憾	15
さんぽ	散歩	散步	15

【し】

しあい	試合	比赛	13
ジーパン		牛仔裤	27
しかたがない	仕方がない	没办法	25
しき	四季	四季	26
じこ	事故	事故	5
じこしょうかい	自己紹介	自我介绍	19

しごと	仕事	工作	15
しょ	辞書	字典	15
じしん	自信	自信	23
しずか	静か	安静	16
した	下	下面	11
じっさい	実際	实际	27
じつ	実	其实	14
じつようてき	実用的	实用	27
じてんしゃ	自転車	自行车	7
しばふ	芝生	草坪	21
しばらく	暫く	暂时	25
しびれる	痺れる	发麻	コラム1
しぶい	渋い	涩的	コラム1
しへい	紙幣	纸币	コラム4
しめきり	締め切り	截止期	22
しめる	閉める	关闭	21
じむ	事務	事务	8
ジム		健身房	18
じむしつ	事務室	办公室	10
しゃしん	写真	照片	17
シャツ		衬衫	20
しゅうかん	習慣	习惯	コラム1
しゅうしゅうび	収集日	收集日	24
ジュース		果汁	16
じゅうしょ	住所	地址	5
じゅうぶん	十分	充分	26
しゅうり	修理	修理	28
じゅぎょう	授業	课	10
じゅけん	受験	考试	23
しゅくだい	宿題	作业	13
しゅじん	主人	丈夫	25
しゅっしん	出身	出身	28
しゅっちょう	出張	出差	8

しゅっぱつ	出発	出发	8
しゅっぴん	出品	出品	コラム5
しゅみ	趣味	兴趣	8
じゅんび	準備	准备	20
しょうがつ	正月	新年	コラム6
しょうがくきん	奨学金	奖学金	22
しょうがくせい	小学生	小学生	8
じょうざい	錠剤	药片	21
じょうず	上手	出色	14
しょうせつ	小説	小说	12
しょうひぜ	消費税	消费税	コラム2
じょうぶ	丈夫	结实	17
しょくじ	食事	就餐	15
しょくどう	食堂	食堂	10
しょくぶつ	植物	植物	18
ショッピング		购物	23
しらべる	調べる	调查	25
しる	知る	知道	12
しろい	白い	白色的	12
しんじゅく	新宿	新宿	15
しんせつ	親切	热心	12
しんぱい	心配	担心	コラム4
しんぶん	新聞	报纸	11

【す】

すいえい	水泳	游泳	16
ずいぶん	随分	非常,相当	10
すいようび	水曜日	星期三	8
すう	吸う	吸	15
すうがく	数学	数学	23
スカート		裙子	13

スカイツリー		天空树	26
すがた	姿	姿态	6
すき	好き	喜欢	8
スキー		滑雪	14
すく	空く	空	23
スクールバス		校车	9
すぐ		马上	5
すごい		厉害	12
すすむ	進む	前进	23
すずしい	涼しい	凉快的	16
すっかり		完全	19
ずつう	頭痛	头痛	26
すてる	捨てる	扔,丢	21
すばらしい		棒,出色	24
スピーチたいかい	スピーチ大会	演讲会	17
スポーツセンター		运动中心	9
スマホ		智能手机	コラム2
すみれ		紫罗兰	6
すむ	済む	结束	14
すもう	相撲	相扑	11
すわる	座る	坐	21

【せ】

せいがたかい	背が高い	个子高	12
せいかつ	生活	生活	14
ぜいきん	税金	税费	19
せいざ	正座	端坐	コラム1
せいせき	成績	成绩	13
セーター		毛衣	10
セール		促销	15
せき	咳	咳嗽	25

せかいてき	世界的	世界性的	18
せっけん	石鹸	肥皂	コラム1
せつぶん	節分	节分	8
せつめい	説明	说明	15
ぜひ		一定	12
せまい	狭い	狭窄的	12
セルフサービス		自助式	22
せんしゅ	選手	选手	9
せんじつ	先日	前几天	20
せんせい	先生	老师	10
せんたく	洗濯	洗衣服	13
せんたくき	洗濯機	洗衣机	15
せんちゃ	煎茶	煎茶	コラム1
ぜんぶ	全部	全部	7

【そ】

そうじ	掃除	打扫	13
そうだん	相談	商量	23
そだてる	育てる	培养	18
そつぎょう	卒業	毕业	10
そと	外	外面	11
そば	傍	旁边	11
そぼ	祖母	祖母	19
そまつ	粗末	粗糙	19
そる	剃る	剃	17

【た】

タイ		泰国	9
だいがくせい	大学生	大学生	8

たいくつ	退屈	无聊	17
だいじ	大事	重要	21
たいじゅう	体重	体重	12
だいじょうぶ	大丈夫	没关系	20
だいず	大豆	大豆	18
たいせつ	大切	重要	20
だいたい	大体	大概	14
たいてい	大抵	大多	14
だいとかい	大都会	大城市	16
だいぶ	大分	很大程度	14
たいふう	台風	台风	18
たいへん	大変	不得了,很	コラム1
タオル		毛巾	15
たかい	高い	高的;贵的	9
タクシー		出租车	18
たしか	確か	确实	20
だす	出す	寄,交	15
たすかる	助かる	得救	20
たつ	立つ	站立	18
たつ	経つ	经过	23
たてもの	建物	建筑物	9
たてる	立てる	树立	22
たなばた	七夕	七夕	8
たのしい	楽しい	快乐的	26
たのしむ	楽しむ	享受	25
たばこ	煙草	香烟	15
たべもの	食べ物	食物	22
たべる	食べる	吃	7
たまねぎ	玉葱	洋葱	17
たまる	溜る	积存	コラム2
だめ	駄目	不行	22
ためる	貯める	储存	20
だるい		倦怠	25

たんざく	短冊	纸条	23
たんじょうび	誕生日	生日	8
だんな	旦那	丈夫	27
ダンボール		纸箱	24

【ち】

チーズ		奶酪	18
ちいさい	小さい	小的	12
ちかく	近く	附近	11
ちかごろ	近頃	最近	24
ちかてつ	地下鉄	地铁	14
チケット		票子	28
ちこく	遅刻	迟到	13
ちち	父	爸爸	16
ちゅうおうく	中央区	中央区	5
ちゅうかりょうり	中華料理	中国菜	23
ちゅうかんテスト	中間テスト	期中考试	8
ちゅうし	中止	中止	23
ちゅうしゃ	駐車	停车	19
ちゅうしゃじょう	駐車場	停车场	21
ちゅうしょく	昼食	午饭	21
ちゅうもん	注文	点菜；订货	7
ちょうかい	聴解	听解	10
ちょうしょく	朝食	早饭	14
ちょうど		正好	6
ちょうへんしょうせつ	長編小説	长篇小说	12
チョコレート		巧克力	7
ちょきん	貯金	存钱	コラム 4
ちょっと		一点儿	8

【つ】

つうがく	通学	上学	27
つうきん	通勤	上班	27
つかう	使う	使用	15
つかれる	疲れる	劳累	16
つぎ	次	下面	6
つく	着く	到达	18
つくえ	机	桌子	9
つくりかた	作り方	做法	15
つくる	作る	做	14
つぶす	潰す	打发	24
つま	妻	妻子	15
つめたい	冷たい	冰冷	23
つゆ	梅雨	梅雨	26
つよい	強い	强的	17
つれる	連れる	带领	28

【て】

ていえん	庭園	庭院	16
デート		约会	23
テーブル		桌子	11
てがみ	手紙	信	19
てがる	手軽	简便的	コラム1
デザイン		设计	コラム4
テスト		考试	18
てちょう	手帳	笔记本	7
てつだう	手伝う	帮忙	18
テニス		网球	16
デパート		百货店	14

デゼットカード		借记卡	コラム2
でる	出る	出来；出去	17
テレビ		电视	6
てんき	天気	天气	12
でんき	電気	电灯	17
てんきよほう	天気予報	天气预报	18
てんさい	天災	天灾	コラム3
てんじひん	展示品	展示品	21
でんしゃ	電車	电车	14
でんしレンジ	電子レンジ	微波炉	15
でんとう	伝統	传统	コラム1
てんのう	天皇	天皇	コラム3
デンマーク		丹麦	12
でんわボックス	電話ボックス	电话亭	11

【と】

どうきゅうせい	同級生	同学	17
とうきょう	東京	东京	16
とうばん	当番	值日	25
とうふ	豆腐	豆腐	18
どうぶつ	動物	动物	21
どうりょう	同僚	同事	24
とおい	遠い	远的	16
ときどき	時々	有时	14
とく	特	特别	19
とくい	得意	拿手	23
どくしょ	読書	读书	8
とけい	時計	钟	7
ところ	所	地方	27
としうえ	年上	岁数大	25
としょかん	図書館	图书馆	6

とどく	届く	送达	24
とどける	届ける	送达	21
となり	隣	旁边	11
とまる	泊まる	住宿	22
とめる	止める	停下	21
とめる	泊める	住下	15
ともだち	友達	朋友	14
どようび	土曜日	星期六	10
ドライブ		开车兜风	19
ドラマ		电视剧	15
とり	鳥	鸟；鸡	11
とる	撮る	拍摄	21
とれる	取れる	掉落	27
どろぼう	泥棒	小偷	14

【な】

ないせん	内線	内线	5
ないよう	内容	内容	コラム5
なおす	直す	修理	21
ながい	長い	长的	12
なくす	無くす	丢失	20
なくなる	亡くなる	亡故	19
なぐる	殴る	殴打	24
なし	梨	梨	7
なっとう	納豆	纳豆	13
なつやすみ	夏休み	暑假	8
ななくさがゆ	七草粥	七草粥	コラム6
なまえ	名前	姓名	8
なみ	波	波浪	26
なみだ	涙	眼泪	22
なめる	舐める	舔	22

ならじだい	奈良時代	奈良时代	コラム1
ならう	習う	学习	23
なれる	慣れる	习惯	コラム1
なる	鳴る	鸣叫	21
なんがいだて	何階建て	几层楼	9
なんがつ	何月	几月	8
なんじ	何時	几点钟	6
なんねんせい	何年生	几年级	12
なんばん	何番	几号	5
なんようび	何曜日	星期几	8

【に】

にあい	似合い	合适	17
にがて	苦手	不擅长	コラム1
にぎやか	賑やか	热闹	12
にく	肉	肉	12
にちようび	日曜日	星期天	8
にっかんじしょ	日漢辞書	日汉词典	19
にほん	日本	日本	6
にもつ	荷物	行李	15
ニュース		新闻	13
にゅうがく	入学	入学	10
にわとり	鶏	鸡	9
にんぎょう	人形	人偶	15

【ね】

ねがいごと	願い事	愿望	23
ねこ	猫	猫	9
ねだん	値段	价钱	17

ネックレス		项链	12
ねむい	眠い	困	25
ねる	寝る	睡觉	13
ねんきん	年金	养老金	コラム 4

【の】

ノート		笔记本	7
のこる	残る	留下	コラム 2
のど	喉	嗓子	23
のぼる	登る	攀,爬	20
のみもの	飲み物	饮料	15
のむ	飲む	喝	14
のる	乗る	乘	24

【は】

パーティー		宴会	15
パート		零时工	14
バーベキュー		烧烤	15
パーマ		烫发	17
はい	灰	灰	24
ばいきゃく	売却	销售	コラム 5
ばいてん	売店	小卖部	11
バイト		打工	15
バス		公共汽车	14
バスてい	バス停	公交车站	16
はいる	入る	进入	20
はか	墓	墓地	24
はきけ	吐き気	恶心	25
はく	履く	穿	12

はげしい	激しい	激烈的	コラム6
はこ	箱	箱子	11
はこね	箱根	箱根	19
はさみ	鋏	剪刀	9
はし	箸	筷子	22
ばしょ	場所	场所	コラム3
はしる	走る	跑步	12
はじめて	初めて	初次	27
はじめる	始める	开始	10
はずかしい	恥ずかしい	难为情	14
パセリ		芹菜	15
パソコン		电脑	7
はたけ	畑	田地	24
はたらく	働く	工作	14
パック		包装	コラム1
はっこう	発行	发行	コラム4
はと	鳩	鸽子	11
はな	花	花	7
はな	鼻	鼻子	12
はなす	話す	说话	10
はなみ	花見	赏花	27
はなや	花屋	花店	11
はなよりだんご	花より団子	舍华求实	27
はやい	速い	快的	10
はやる	流行る	流行	27
バランス		平衡	コラム1
はらう	払う	付账	19
はる	春	春天	16
パレード		游行队伍	24
ばんごはん	晩御飯	晚饭	14
パンダ		熊猫	12
はんとし	半年	半年	23
ハンバーガー		汉堡包	15

はんぶん	半分	一半	19
はんズボン	半ズボン	半截裤	26

【ひ】

ひ	火	火	17
ひ	日	日子	14
ビール		啤酒	23
ぴかぴか		闪闪发光	12
ひかり	光	光	17
ひく	弾く	弾,奏	15
ひこうき	飛行機	飞机	25
ピザ		比萨	6
びじゅつひん	美術品	美术品	コラム5
ひだり	左	左边	11
ひっきしけん	筆記試験	笔试	22
ひっこす	引っ越す	搬家	28
ひつよう	必要	必要	コラム5
ビデオカメラ		摄像机	20
ひとびと	人々	人们	17
ひとり	一人	一个人	10
ひとりっこ	一人っ子	独生子女	16
ひどい		过分	25
ひま	暇	空暇	15
ひみつ	秘密	秘密	23
ひやけ	日焼け	晒黑	14
びよういん	美容院	美容院	28
びょういん	病院	医院	11
ひるごはん	昼ご飯	午饭	14
ひるやすみ	昼休み	午休	10
ひろい	広い	宽敞的	12
ひろう	拾う	拣,拾	21

| ひろば | 広場 | 广场 | 11 |

【ふ】

フィリピン		菲律宾	16
フィルム		胶卷	23
プール		游泳池	16
ふく	服	衣服	12
ふくざつ	複雑	复杂	26
ふじさん	富士山	富士山	20
ぶた	豚	猪	9
ふたご	双子	双胞胎	16
ぶたにく	豚肉	猪肉	16
ふだん	普段	平常	14
ぶっか	物価	物价	22
ふでばこ	筆箱	笔盒	7
ふところ	懐	怀里	25
ふべん	不便	不方便	25
ふゆ	冬	冬天	16
ふゆやすみ	冬休み	寒假	8
フランス		法国	9
プリペイドカード		预付卡	コラム2
ふる	降る	降;(雨,雪等)下	25
ふるい	古い	旧的	12
ブルー		蓝色	16
プレゼント		礼物	20
プロ		职业的	コラム6
ぶんかけい	文科系	文科	23
ぶんぽう	文法	语法	16

【へ】

へいじつ	平日	周一至周五,工作日	10
へた	下手	水平低	18
ペット		宠物	22
ベッド		床	9
べつに	別に	另外,特别	15
ベランダ		阳台	27
へや	部屋	房间	12
へる	減る	减少	コラム4
へん	辺	一带,周围	18
べんきょうする	勉強する	学习	14
べんり	便利	方便	12

【ほ】

ポイント		积分	コラム2
ボーナス		奖金	24
ホームステイ		寄宿	25
ボール		球	11
ボールペン		圆珠笔	7
ほうこくしょ	報告書	报告文书	22
ぼく	僕	我(男性)	20
ポケット		口袋	20
ほけんしょう	保険証	保险证	26
ほそながい	細長い	细长	12
ぽたぽた		滴滴答答	22
ボタン		纽扣;按钮	27
ほっかいどう	北海道	北海道	14
ポテトチップ		炸薯片	21
ほほえましい	微笑ましい	惹人笑的	コラム6

ほる	掘る	挖掘	24
ほんや	本屋	书店	11

【ま】

まいしゅう	毎週	每周	10
まいにち	毎日	每天	8
まえ	前	前面	6
まえがみ	前髪	刘海	17
まく	撒く	撒	24
まご	孫	孙子	17
まち	町	城；镇	12
まちがえる	間違える	弄错	20
まったく	全く	完全	18
まつ	待つ	等待	8
まっちゃ	抹茶	抹茶	コラム1
まど	窓	窗	11
マナー		礼仪	22
まにあう	間に合う	来得及	24
まね	真似	模仿	21
まよう	迷う	犹豫	16
マレーシア		马来西亚	9
マンション		公寓	22
まんなか	真ん中	正中间	11
まんねんひつ	万年筆	自来水笔	22
まんようしゅう	万葉集	万叶集	コラム3

【み】

ミーティング		会议	10
みかける	見かける	看到	14

みがなる	実がなる	结果实	27
みぎ	右	右边	11
みじかい	短い	短的	12
みず	水	水	14
みずぎ	水着	游泳衣	15
みせ	店	店	15
みそしる	味噌汁	酱汤	22
みち	道	道路	17
みぢか	身近	身边	コラム1
みどり	緑	绿色	8
みなみむき	南向き	朝南	27
みみ	耳	耳朵	12
ミュージシャン		音乐人	18
みる	見る	看	14

【む】

むかし	昔	从前	17
むく	向く	朝着	27
むこう	向こう	对面	12
むすこ	息子	儿子	10
むり	無理	不可能	コラム1

【め】

め	目	眼睛	12
メール		邮件	13
めがね	眼鏡	眼镜	9
メキシコ		墨西哥	コラム2
めずらしい	珍しい	稀有的	コラム4
めんきょ	免許	驾照	19

| めんせつ | 面接 | 面试 | 19 |

【も】

もえない	燃えない	不可燃	22
もくようび	木曜日	星期四	10
もじ	文字	文字	コラム5
もち	餅	年糕	24
もつ	持つ	持有;拿	15
もくと	目途	目标	コラム4
もどる	戻る	返回	26
もみじ	紅葉	红叶	26

【や】

やきにく	焼肉	烤肉	コラム2
やきゅう	野球	棒球	8
やく	焼く	烤	24
やくそく	約束	约定	19
やけど	火傷	烧伤	26
やさい	野菜	蔬菜	15
やすい	安い	便宜	10
やすむ	休む	休息	14
やっと		终于	19
やま	山	山	16
やまのぼり	山登り	登山	16

【ゆ】

| ゆうえんち | 遊園地 | 游乐场 | 16 |

ゆうしょう	優勝	优胜	18
ゆうしょく	夕食	晚饭	14
ゆうめい	有名	有名	6
ゆっくり		慢慢地	20
ゆめ	夢	梦	24

【よ】

ヨーロッパ		欧洲	コラム5
ようぐ	用具	工具	22
ようき	容器	容器	15
ようふく	洋服	西服	16
よこ	横	旁边	11
よしゅう	予習	预习	18
よせる	寄せる	靠近	22
ヨット		游艇	24
よむ	読む	读	15
よる	夜	晚上	10
よろこぶ	喜ぶ	高兴	28
よわい	弱い	弱的	17

【ら】

らいげつ	来月	下个月	8
らいしゅう	来週	下周	8
ライトアップ		亮灯	26
らいねん	来年	明年	10
ラケット		球拍	22

【り】

りか	理科	理科	19
りかけい	理科系	理科	23
りゅうがくせい	留学生	留学生	9
りゅうつう	流通	流通	コラム 4
りょう	使用	使用	14
りょう	寮	宿舎	9
りょう	量	量	25
りょうがえ	両替	兑换	23
りょうきん	料金	费用	19
りょうしん	両親	父母	14
りょうり	料理	料理	8
りょくちゃ	緑茶	绿茶	コラム 1
りょこう	旅行	旅行	14
りんご		苹果	7

【れ】

れきし	歴史	历史	19
レコード		唱片	9
レストラン		饭店	11
レポート		报告	13
れんげ		莲花	6
れんしゅう	練習	练习	23
レンタカー		租车	19

【ろ】

ろうりょく	労力	劳力	コラム 5

ろじん	魯迅	鲁迅	コラム5
ロッカー		更衣箱	26
ロック		摇滚	16
ロンドン		伦敦	18

【わ】

わかい	若い	年轻	17
わかる	分かる	明白	10
わすれもの	忘れ物	遗失物	15
わすれる	忘れる	忘记	20
わらう	笑う	笑	27
わる	割る	打碎	20
わるい	悪い	坏的	15
ワンピース		连衣裙	12